건강하게 살 빼는
저칼로리 밥상

문인영 지음

북하우스 엔

"쉽고 맛있는 저칼로리 밥상 차리는 법을 알려드릴게요."

"맛있는 다이어트 요리 만드는 비법 좀 알려주세요." 요리 연구가라는 직업을 가지고 있다보니 주변 사람들에게 이런 질문을 종종 받게 됩니다. 특히 너도나도 다이어트에 돌입하는 봄철이 되면 전화나 문자로 맛있는 저칼로리 요리 만드는 법을 알려달라는 요청이 쇄도하기도 해요.
사실 매일같이 맛있는 음식을 만들고, 접시에 예쁘게 담아내는 일을 하는 저에게도 조금만 방심하면 금세 확 불어나는 체중은 늘 고민거리였어요. 주변에 맛있는 음식이 그득한데 그걸 먹지 않고 참아야 한다는 것이 쉽지만은 않았거든요. 그중에서도 특히 파스타나 케이크처럼 맛있지만 그만큼 칼로리가 높은 음식이 큰 골칫거리였지요. 달콤한 케이크 한 조각을 위해 저녁밥을 포기해야 하고, 고소한 크림 파스타 한 접시를 위해 하루 전부터 굶어야 한다니, 누구보다 먹는 걸 좋아하는 저에게는 너무 가혹한 일이었어요. 그래서 요리 연구가라는 강점을 살려서 먹는 즐거움을 포기하지 않으면서 살도 뺄 수 있는 여러 가지 요리를 궁리하고 만들기 시작했습니다.

사람들이 흔히 생각하는 것처럼 다이어트 요리라고 해서 새롭거나 특별한 요리일 필요는 없습니다. 그보다는 평소에 자주 먹는 친숙한 음식으로, 맛은 그대로 살리고 칼로리는 낮추는 방법을 택하는 것이 좋아요. 다이어트를 한다고 갑자기 그동안 먹어오던 밥상을 전부 다 바꾸는 게 쉬운 일은 아니거든요.
제가 권하고 싶은 방법은 본인이 평소 먹던 대로 먹으면서 칼로리와 나트륨 섭취량을 조금씩 줄이는 건강한 저칼로리 저염분 밥상을 차리는 일이에요. 저칼로리 저염분 밥상은 다이어트 효과는 물론 장기적으로 식습관과 체질까지 건강하게 개선하는 효과가 있어요. 건강과 미용이라는 다이어트의 두 가지 목적을 모두 만족시키는 아주 똑똑한 밥상인 셈이죠. 평소 먹던 대로 밥과 국, 두세 가지 반찬으로 밥상을 차리면서 밥의 양을 조금만 줄이고 소금도 평소보다 조금만 덜 사용하는 습관을 들이면 됩니다. 무엇보다 마트에서 손쉽게 구할 수 있는 식재료를 사용하고, 만드는 시간도 30분을 넘지 않으니 이보다 더 간단할 수는 없답니다.

그동안 각종 잡지나 방송에서 선보여 호평받았던 다이어트 요리 비법을 이 책 안에 모두 담아보았습니다. 누구나 쉽게 자신만의 맞춤 다이어트 식단을 짤 수 있도록 아침, 점심, 저녁으로 나누어 총 60세트의 밥상을 소개하고, 다이어트 중에도 안심하고 먹을 수 있는 간식 10세트까지 추가했어요. 바쁜 직장인들을 위해서 15분이면 완성되는 한 접시 다이어트 요리도 다양하게 준비했답니다.
촬영하는 내내 제가 만든 요리를 먹으며 "정말 맛있다!"를 연발했던 스태프들처럼 이 책을 보고 요리하는 분들에게도 그 맛과 기쁨이 전달되기를 바랍니다.

2012년 3월 문인영

contents

- 살 빠지는 식습관 십계명 · 8
- 다이어트, 왜 저염식이 중요할까요? · 10
- 저칼로리 식재료 완전정복 · 12
- 저칼로리 저염분 조리법 배우기 · 16
- 기본 밥 짓기 & 간단 다이어트 계량법 · 20
- 건강한 저칼로리 밥상 차리기 원칙 · 22

part 01
건강한 다이어트의 시작
아침 밥상 20세트

441kcal 현미율무밥과 새우양파겨자찜 밥상 · 26	**15분 완성 한 접시 아침 밥상**
403kcal 현미밥과 돼지고기숙주볶음 밥상 · 30	**302kcal** 오트밀과일시리얼 · 66
538kcal 현미밥과 고등어무조림 밥상 · 34	**172kcal** 단호박잡곡수프 · 68
368kcal 현미율무밥과 언두부고구마줄기볶음 밥상 · 38	**106kcal** 감자수프 · 70
311kcal 현미밥과 표고버섯불고기 밥상 · 42	**139kcal** 토마토스크램블에그 · 72
432kcal 현미팥밥과 쑥갓돼지고기찜 밥상 · 46	**230kcal** 견과류죽 · 74
301kcal 현미팥밥과 동태숙주찜 밥상 · 50	**238kcal** 닭가슴살시금치죽 · 76
366kcal 현미밥과 두부김치찜 밥상 · 54	**229kcal** 오이두부스프레드와 곡물빵 · 78
569kcal 현미밥과 닭가슴살시금치찜 밥상 · 58	**218kcal** 버섯들깨죽 · 80
357kcal 현미율무밥과 버섯소스연두부 밥상 · 62	**323kcal** 콩팥죽 · 82
	153kcal 우엉버섯수프 · 84

part 02

맛은 그대로, 칼로리만 반으로

점심 밥상 20세트

398kcal 현미밥과 소고기육개장 도시락 · 88	**15분 완성 한 접시 점심 밥상**
363kcal 현미율무밥과 소고기탕평채 도시락 · 92	**217kcal** 모듬버섯구이된장덮밥 · 128
435kcal 현미밥과 삼치시금치조림 도시락 · 96	**262kcal** 생채소비빔국수 · 130
577kcal 현미율무밥과 닭가슴살콩나물잡채 밥상 · 100	**218kcal** 익힌나물비빔밥 · 132
354kcal 현미팥밥과 느타리버섯잡채 밥상 · 104	**268kcal** 콩비지크림파스타 · 134
446kcal 현미밥과 치킨가스 밥상 · 108	**237kcal** 저염채소쌈밥 · 136
446cal 현미팥밥과 돼지고기마늘종볶음 밥상 · 112	**290kcal** 단호박불고기덮밥 · 138
417kcal 현미밥과 돼지고기샤부샤부 밥상 · 116	**110kcal** 토마토곤약파스타 · 140
388kcal 현미율무밥과 토마토고추장황태구이 밥상 · 120	**355kcal** 올리브연어파스타 · 142
333kcal 애호박속간장비빔밥 밥상 · 124	**329kcal** 그릴드시저샌드위치 · 144
	229kcal 해물토마토샐러드피자 · 146

part 03

배부르게 먹으면서 칼로리 부담 없는

저녁 밥상 20세트

472kcal 현미팥밥과 닭가슴살볶음 밥상 · 150
397kcal 현미밥과 달걀뚝배기 밥상 · 154
369kcal 현미밥과 부추생선구이 밥상 · 158
417kcal 현미밥과 후추소고기구이 밥상 · 162
486kcal 현미밥과 양파소스고등어구이 밥상 · 166
391kcal 브로콜리수프와 두부햄버거 밥상 · 170
379kcal 현미팥밥과 파채닭안심살구이 밥상 · 174
353kcal 현미밥과 미나리두부볶음 밥상 · 178
552kcal 현미밥과 토마토치킨커리 밥상 · 182
353kcal 현미팥밥과 소고기곤약볶음 밥상 · 186

15분 완성 한 접시 저녁 밥상

197kcal 죽순해물밥 · 190
201kcal 블루베리샐러드와 사과요거트드레싱 · 192
119kcal 표고버섯채소밥 · 194
267kcal 베이컨야키니쿠덮밥 · 196
196kcal 훈제연어샐러드와 양파드레싱 · 198
139kcal 두부양념장콩나물밥 · 200
128kcal 연근우엉밥 · 202
110kcal 새우샐러드와 파인애플드레싱 · 204
154kcal 주꾸미샐러드와 와사비두부드레싱 · 206
184kcal 참치김치밥 · 208

part 04

절대 살찔 염려 없는

다이어트 간식 10세트

114kcal	사과칩과 단호박칩 · 212
94kcal	검은콩바 · 214
41kcal	파프리카주스 · 216
137kcal	커피빈요거트드링크 · 217
106kcal	바나나초코브라우니 · 218
95kcal	레몬두부케이크 · 220
130kcal	미숫가루아이스크림 · 222
105kcal	찐도너츠 · 224
109kcal	홍차쿠키 · 225
93kcal	수박빙수 · 226

• 칼로리 Index · 228

이 책을 보는 법

이 책에 표시된 칼로리는 모두 1인분 기준이며, 밥상의 경우에는 밥 1/2공기(100g)를 포함한 칼로리입니다. 밥은 100g 1/2공기 기준으로, 현미밥은 153kcal, 현미율무밥은 161kcal, 현미팥밥은 146kcal입니다. 현미밥의 양을 늘릴 경우 현미밥 2/3공기는 214kcal, 1공기는 321kcal입니다.

현미밥 100g
153kcal

현미밥 135g
214kcal

현미밥 200g
321kcal

간식을 제외한 모든 재료는 2인분 기준이며, 책에 사용된 사진은 1인분 밥상입니다. (겸상 제외)

살 빠지는 식습관 십계명

01. 식사는 거르지 않고 정해진 시간에 먹도록 하세요
식사를 거르지 않고 정해진 시간에 먹는 습관을 들이면 급하게 밥을 먹거나 폭식을 하는 일이 생기지 않아요. 되도록 규칙적으로 먹도록 노력하고, 식사시간을 지키기 어려우면 간단히 영양바 등을 먹어 과식하는 일이 없도록 하세요. 아침 점심 저녁은 3:3:2의 비율로 저녁을 조금 가볍게 먹는 것이 좋습니다. 보통 다이어트를 위해 아침은 황제처럼, 저녁은 노예처럼 먹으라는 말이 있는데, 이렇게 해도 위의 크기는 줄지 않아 먹고 싶다는 욕구는 여전히 남게 됩니다. 대신 전체적으로 하루에 먹는 양을 줄이고 식사량의 균형을 맞추어서 장기적으로 위의 크기를 줄이는 방법을 택하는 것이 좋습니다. 점심이나 저녁에 외식을 한다면 다른 식사를 조금 가볍게 먹는 식으로 조절하세요.

02. 눈이 즐겁고 몸이 건강해지는 식사를 하세요
식탁 위에는 다양한 식품군이 올라와야 합니다. 한 끼에 밥 반 공기, 채소 두 접시, 생선이나 고기류, 두부 등의 단백질 한 접시, 그리고 양념류에 들어가는 기름 약간 등으로 구성해서 적당히 비율을 맞추면 좋습니다. 우리에게 익숙한 한식 상차림을 이용하면 나물이나 생채 등으로 비타민과 무기질을, 메인 반찬인 생선구이나 고기볶음 등으로 단백질을 섭취할 수 있어 손쉽게 다양한 영양소를 골고루 섭취할 수 있어요. 또 찌거나 삶는 조리법을 활용하면 기름 사용량을 줄일 수 있어 칼로리를 낮출 수 있습니다. 식사를 할 때는 다채로운 색의 음식들로 식단을 구성하여 식사할 때 눈으로도 포만감을 느낄 수 있도록 하세요.

03. 반만 싱겁게 먹는 습관을 들이세요
평소에 반찬에 소금간을 하고 간장에 찍어 먹었다면 소금간을 하지 말고 간장만 살짝 찍어 먹고, 국에 된장을 한 큰술을 넣었다면 반만 넣어서 조금씩 간을 싱겁게 하세요. 조금씩 서서히 소금의 양을 줄여가는 것도 좋은 방법이 될 수 있습니다. 처음에는 밍밍한 것 같지만 먹다보면 확실히 재료 자체의 담백한 맛과 본연의 맛을 즐길 수 있습니다. 특히 짠 반찬을 먹으면 상대적으로 밥을 많이 먹게 되는데, 싱겁게 먹으면 반찬은 많이 먹고 밥 양은 줄일 수 있어 칼로리 줄이는 데 효과적입니다.

04. 정제된 음식보다는 거친 음식 먹도록 하세요
다이어트할 때는 부드럽고 씹기 편한 음식보다는 거칠고 오랫동안 씹어야 하는 음식을 먹도록 하세요. 백미보다는 현미를, 부드러운 식빵보다는 거친 호밀빵을 먹는 것이 좋습니다. 거친 음식은 오랫동안 씹어야 해서 자연스럽게 식사시간이 길어지고 포만감도 더 느낄 수 있어요. 식이섬유소가 풍부해서 배변활동에도 도움이 되고요. 채소와 과일도 껍질째 깨끗이 씻어 먹으면 모든 영양소를 고루 섭취할 수 있답니다.

05. 밥은 평소의 1/2~2/3만 먹도록 하세요
육류나 기름을 이용해 조리한 경우를 제외하고는 채소로 만든 반찬들은 그렇게 칼로리가 높지 않아요. 밥상에서 칼로리가 가장 높은 것은 밥으로, 보통 한 공기에 300kcal 정도입니다. 따라서 식사량을 1/2 ~ 2/3 정도로만 줄여도 150~200칼로리를 줄일 수 있어요. 이렇게 조금씩 식사량을 줄이면 섭취하는 칼로리가 줄고 위의 크기도 줄어듭니다. 양을 줄여 먹는 습관을 유지하면 자연스럽게 위의 크기도 줄어들어 적게 먹어도 포만감을 느낄 수 있기 때문이에요. 처음부터 밥의 양을 줄이기 힘들다면 밥을 먹을 때마다 두세 숟가락을 덜어내고 식사하는 습관을 들여보세요.

06. 신선한 채소는 매일 한 그릇씩 섭취합니다

끼니마다 채소를 충분히 섭취하도록 하세요. 간단하게 쌈을 준비하거나 오이나 당근, 파프리카를 썰어서 곁들여도 좋습니다. 신선한 채소를 섭취하면 몸에 좋은 각종 비타민과 무기질은 물론 식이섬유소도 함께 섭취할 수 있어 체중 감량으로 인한 변비를 예방할 수 있어요. 식이섬유소는 몸 안에 축적된 노폐물을 배출시켜주고 신진대사도 활발하게 하기 때문에 다이어트에 도움이 됩니다.

07. 음식의 본래의 맛이 느껴질 때까지 꼭꼭 씹어먹으세요

식사 중에 나도 모르게 마음이 급해져서 음식물을 씹으면서 다른 반찬으로 젓가락이 가는 경우가 있어요. 이러다보면 배가 부르는지도 모르고 계속 먹게 되어 과식을 하게 됩니다. 일단 입안에 음식을 넣었으면 숟가락을 내려놓고 30~50회 이상 충분히 꼭꼭 씹어 먹는 것이 좋아요. 그리고 음식을 모두 넘긴 다음, 다시 숟가락을 들도록 합니다. 보통 우리 몸은 식사를 시작한 후 30분이 지나야 포만감을 느끼게 되므로 과식하지 않으려면 천천히 먹는 습관을 들이는 것이 무엇보다 중요해요.

08. 후식 대신 저칼로리 간식을 준비해보세요

후식으로 먹는 것들은 케이크나 과일 같은 달달한 당류가 대부분이에요. 또한 밥을 먹고 바로 후식을 먹게 되면 칼로리가 초과되기 쉽습니다. 식사 후에는 후식은 되도록 자제하고 간단히 차를 섭취하여 입안을 정리하는 것이 좋습니다. 중간에 배가 고프면 식후 2~3시간 후에 100kcal 내외의 저칼로리 간식을 먹도록 하세요. 저지방 우유 한 잔이나 플레인요거트, 채소 스틱 등이 좋습니다.

09. 물은 하루 2L 이상 마시도록 합니다

물은 각종 영양소를 몸속 세포로 운반해주고 각종 노폐물을 신장이나 폐로 보내 제거하는 역할을 합니다. 따라서 몸 안에 물이 부족하면 대사 작용이 지연되어 비만으로 이어질 수 있어요. 물을 자주 마시면 공복감도 해결되고, 몸 안의 수분 밸런스도 유지됩니다. 개인차가 있지만 보통 하루 6~8컵 정도의 물을 마시면 적당합니다. 아침에 일어나서 1~2잔 정도 마시고 식전이나 식후에 한 잔씩 마시도록 하세요. 일과 중에 지치거나 피곤할 때도 자극적인 커피나 식품첨가제가 들어 있는 음료 대신 물을 마시면 좋습니다.

10. 다이어트 중에 술과 외식은 되도록 피하세요

술은 다이어트의 가장 큰 적입니다. 술 자체의 칼로리가 높기도 하지만, 술과 같이 먹는 안주 대부분이 맵고 짜거나 기름에 튀긴 것들이어서 더 살이 찌게 됩니다. 그동안의 다이어트 노력이 하루아침에 공염불이 되는 것은 물론이고요. 밖에서 먹는 외식메뉴들도 500kcal를 훌쩍 넘는 고열량 고지방 식품이 대부분인 만큼 다이어트할 때만큼은 외식을 자제하도록 하세요.

다이어트, 왜 저염식이 중요할까요?

'간장게장이 밥도둑'이라는 말이 있습니다. 노르스름한 장이 담긴 게 껍데기에 밥을 비비면 다른 반찬 필요 없이 밥 한 공기를 뚝딱 비울 수 있다고 해서 생겨낸 말입니다. 그런데 이 말을 달리 생각해보면, 짜게 먹으면 그만큼 밥을 더 많이 먹게 된다는 뜻이기도 해요. 실제로 식사할 때 젓갈 같은 짠 음식을 먹으면 짠맛에서 느껴지는 감칠맛 때문에 채소 반찬으로 젓가락이 가지 않고 밥도 평소보다 더 많이 먹게 되는 것을 알 수 있어요.
이렇게 짠 음식을 먹어서 몸 안의 나트륨 함량이 높아지면 우리 몸은 수분 배출을 막아 몸이 붓는 부종 현상이 생기게 됩니다. 신진대사가 원활하지 못해서 살이 더 찌게 되는 것은 물론이고요. 게다가 짠 음식은 침샘을 자극하기 때문에 자연스럽게 식욕이 왕성해지고 과식과 폭식으로 이어지기도 합니다.
소금은 근육으로 가는 수분을 빼앗아 근육 생성을 방해하고 기초대사량에 영향을 미치기도 해요. 기초 대사량이 떨어지면 예전과 같은 칼로리를 섭취해도 살이 찌게 됩니다. 그렇기 때문에 나트륨 섭취를 줄이면 몸속의 불필요한 수분이 빠져나가고 식욕까지 줄어들어서 살이 빠지는 효과를 볼 수 있어요.
되도록 나트륨 함량이 높은 가공식품과 인스턴트식품을 피하고, 요리를 할 때 소금으로만 간을 하지 말고 과일이나 채소 등 천연 식재료를 활용해서 소금의 사용량을 줄여보세요. 또 식사 때마다 채소와 과일을 챙겨 먹으면 칼륨 성분이 나트륨 배출을 도와줍니다.
세계보건기구(WHO)의 나트륨 권장량은 하루 2000mg(소금 5g)입니다. 소금 5g은 숟가락으로 1/2큰술에 해당하는 양이고요. 그런데 한국인들은 보통 권장량의 2~3배인 1큰술 이상을 섭취한다고 해요. 꼭 다이어트가 아니더라도 건강을 위해서 평소의 반 정도만 싱겁게 먹는다고 생각하고 저염식을 실천해보세요.

01. 음식은 작게, 양념은 찍어서

항상 먹던 김치, 젓갈류, 장아찌 류의 짠 반찬을 단번에 끊는 것은 쉽지 않아요. 이럴 때는 최대한 작게 썰어서 한 번에 먹는 양을 줄이는 것이 좋습니다. 또 양념에 버무리는 대신 살짝 찍어서 먹으면 나트륨 섭취를 줄일 수 있어요. 비빔밥을 먹을 때도 채소는 듬뿍 넣고 고추장은 조금만 넣어서 살짝 버무리는 느낌으로 가볍게 먹으면 좋습니다.

02. 국물요리는 건더기 위주로

소금보다 소금물이 싱겁게 느껴지는 것처럼 국물요리에는 나도 모르게 섭취하는 나트륨 양이 많아요. 국을 먹을 때는 국물을 마시기보다는 건더기를 건져 먹는다는 느낌으로 먹는 것이 좋아요.

03. 인스턴트 식품은 끓는 물에 데쳐서

인스턴트 식품은 조리하기 전에 반드시 끓는 물에 한 번 데쳐서 나트륨과 화학첨가물을 제거해주세요. 라면을 먹을 때는 수프의 양을 줄이고 파, 마늘, 표고버섯 등을 첨가해 먹고, 김치를 곁들여 먹지 않는 습관을 들이도록 합니다.

04. 칼륨 함량이 높은 채소 곁들이기

칼륨은 나트륨을 몸 밖으로 배출시켜주는 역할을 합니다. 평소 식사할 때마다 칼륨이 풍부한 고구마, 감자, 오이, 부추, 버섯, 토마토 등을 상 위에 올리면 좋습니다. 된장찌개를 끓일 때는 감자와 버섯, 부추 등을 넣어주고, 간장에는 오이를 갈아서 넣어보세요.

저칼로리 식재료 완전정복

삼치 10×5cm 1토막 124kcal
필수아미노산과 DHA가 풍부한 삼치는 같은 등푸른생선인 고등어보다도 칼로리가 낮습니다. 또 불포화지방산인 오메가3가 몸에 쌓인 독소를 흡착해 내보내는 역할을 하기 때문에 다이어트에 도움이 되고 적게 먹어도 포만감이 큽니다. 삼치를 요리할 때는 기름에 튀기거나 굽기보다는 찜기에서 찌거나 물을 조금 넣고 굽도록 하세요. 이렇게 하면 칼로리는 낮추고 영양은 그대로 섭취할 수 있어요.

달걀 1개 60g 86kcal
달걀은 필수 아미노산과 여성들에게 필요한 철분이 풍부한 건강식품입니다. 특히 삶은 달걀은 칼로리가 낮고 위에 머무르는 시간이 길어서 다이어트 메뉴로 그만이에요. 간식이나 샐러드와 함께 저녁 메뉴로 먹으면 좋습니다. 달걀로 국물요리나 찜 요리를 할 때는 불을 줄이고 넣어야 부드러운 식감을 얻을 수 있어요.

두부 한 모 300g 250kcal
두부는 대표적인 다이어트 식품으로 85~90%의 수분으로 이루어져 있고 식물성 단백질이 풍부합니다. 보통 두부 한 모에 18g의 단백질이 함유되어 있는데 이것은 하루 단백질 필요량의 14% 정도 해당되는 양입니다. 찜, 볶음, 찌개나 국 등 다양한 요리에 활용할 수 있고, 남은 두부는 냉동실에 넣었다가 해동하고 물기를 빼면 튀기지 않고도 유부 같은 질감을 낼 수 있습니다. 100g당 칼로리를 비교해보면 연두부 41kcal, 순두부 47kcal, 콩비지 81kcal입니다.

닭가슴살 1개 100~125g 237kcal
대표적인 다이어트 식품인 닭가슴살은 기름기가 적은 살코기 부위로 단백질이 풍부합니다. 닭가슴살의 단백질은 기초대사량을 높이기 위해 필요한 근육 형성을 할 때 꼭 필요한 영양성분으로 탄탄한 근육을 만들어줍니다. 요리할 때 다양한 채소를 곁들이면 퍽퍽한 식감을 줄일 수 있고, 피망이나 깻잎 등 특유의 향이 있는 채소과 함께 먹으면 간을 세게 하지 않아도 맛있게 먹을 수 있어요.

돼지고기 앞다릿살 100g 181kcal
다이어트할 때는 지방이 많은 삼겹살 대신 목살이나 앞다릿살, 뒷다릿살, 등심 같은 부위가 적당합니다. 전체적으로 선분홍색을 띠면서 지방층과 고기의 경계가 확실한 것이 좋아요. 생강이나 청주를 넣어 밑간을 해두면 누린내를 제거할 수 있고, 소금 대신 후춧가루로 풍미를 주면 나트륨 섭취를 줄일 수 있습니다. 목살과 등심은 264kcal, 안심은 223kcal입니다.

가지 작은 것 1개 50g `8kcal`
가지는 수분 함유량이 94%나 되는 채소로 100g당 칼로리가 16kcal 정도인 저칼로리 건강식품입니다. 껍질의 안토시아닌 색소는 노화와 암을 예방해줍니다. 가지를 자주 먹으면 지방질을 흡수해서 살이 빠지는 효과를 볼 수 있어요. 고를 때는 보랏빛이 선명하고 꼭지가 마르지 않은 단단한 것으로 선택하면 됩니다. 가지는 기름을 잘 흡수하므로 기름에 볶기보다는 찌거나 기름 대신 물로 볶아서 요리하는 것이 좋아요.

피망 1개 80g `13kcal`
피망은 오렌지의 3배에 이르는 비타민 C를 함유하고 있어 비타민의 보고라고 불리는 채소입니다. 색깔에 따라 영양성분이 조금씩 다른데, 빨간 피망에는 신진대사를 촉진시켜주는 베타카로틴이 많고, 초록색 피망은 유기질이 많아 비만 해소에 효과적입니다. 피망을 고를 때는 단단한 것으로 고르고 너무 크면 질길 수 있으니 적당한 크기로 선택해주세요.

더덕 1개 30g `16kcal`
더덕은 부드러운 수세미로 깨끗이 닦은 후에 껍질을 벗기지 말고 사용해야 맛과 향이 유지됩니다. 더덕은 식이섬유소가 풍부해서 방망이로 두드려 결대로 찢으면 씹히는 질감이 부드럽고 고기 같은 맛이 납니다. 고를 때는 껍질이 너무 마르지 않은 것으로 선택하고, 특유의 향이 있으므로 간을 강하게 하지 않아도 괜찮아요.

숙주 한 줌 100g `11kcal`
고소한 맛과 아삭하게 씹히는 질감이 좋은 숙주는 포만감을 주는 식재료로 다양한 요리에 활용하기 좋아요. 살짝 데친 후 양념에 무쳐 나물로 먹을 수도 있고, 살짝 볶아 먹어도 맛이 좋습니다. 너무 오랫동안 익히면 물러지므로 겉만 살짝 익혀 아삭하게 먹는 것이 좋아요.

양배추 1통 1kg `310kcal`
양배추는 칼륨 함량이 높은 대표적인 식품으로 몸속의 나트륨 배출을 도와줍니다. 생으로 먹거나 쪄서 먹으면 좋고, 식사 전에 먹으면 식사량을 줄일 수 있어요. 들어보았을 때 무겁고 단단한 것을 고르는 것이 좋습니다.

오이 1개 230g `20kcal`
오이는 수분이 많은 채소로 주로 생으로 먹지만 살짝 볶아 먹어도 아삭하고 맛있어요. 껍질의 색이 선명하고 눌러보았을 때 무르지 않고 단단한 것이 좋습니다.

토마토 1개 150g `21kcal`
토마토는 나트륨 배출을 도와주는 칼륨이 많아서 저염분 밥상을 차릴 때 활용하면 좋습니다. 선명한 붉은색에 꼭지가 마르지 않은 단단한 것으로 고르고, 기름에 볶아 먹거나 살짝 익혀 먹어야 영양소 흡수에 좋아요. 조금 덜 익은 것을 사서 냉장실에 넣어 보관하고 요리 용도에 따라 꺼내 먹어도 괜찮습니다. 토마토를 무르게 삶아 졸여서 고추장에 넣으면 나트륨 섭취를 낮출 수 있어요.

우엉 10cm 30g `18kcal`
향이 좋은 우엉은 식이섬유소가 풍부해서 변비 예방에 좋고 체중 감량에도 효과적인 식품입니다. 껍질에 영양성분이 많으므로 필러로 벗겨내지 말고 부드러운 수세미로 살짝만 문질러 씻은 후 요리하는 것이 좋습니다. 미리 썰어두면 갈색으로 변하므로 손질하여 물에 담가두기도 하지만 맛 성분이 빠져나가므로 되도록 조리 직전에 손질하도록 하세요.

풋고추 1개 12g `2kcal`
비타민 C가 풍부한 풋고추는 약간의 매운맛이 있어 여러 요리에 양념으로 사용하기에 적당해요. 또 씹히는 질감이 좋아 채 썰어서 볶음요리에 활용하면 간을 강하게 하지 않아도 충분히 맛을 낼 수 있어요. 색이 선명하고 꼭지가 마르지 않은 것으로 고르세요.

양파 1개 160~180g `56kcal`
양파는 매운맛과 단맛을 동시에 가지고 있어서 익히는 정도에 따라 다양하게 활용할 수 있는 식재료입니다. 샐러드를 만들 때는 얼음물에 담가 매운맛을 제거한 다음 사용하고, 볶음요리를 할 때는 단맛이 우러날 때까지 충분히 익혀주세요. 양파에 함유된 퀘르세틴은 지방 흡수를 억제하고 배출을 촉진시켜주므로 육류요리와 함께 먹으면 지방 섭취를 줄일 수 있어요.

새송이버섯 1개 80g 19kcal
쫄깃한 식감이 있는 새송이버섯은 열량은 낮지만 포만감을 느낄 수 있는 다이어트 식품입니다. 맛과 향을 살리기 위해서 젖은 키친타월로 겉면만 잘 닦아주세요. 보통 채를 썰거나 잘라서 볶음요리를 하거나 찌개에 넣어 먹지만 얄팍하게 썰어 생으로 먹어도 맛있습니다. 결을 살려서 썰거나 반대로 써는 방법으로 식감을 달리할 수도 있어요.

미나리 한 줌 40g 6kcal
미나리는 식이섬유소가 많아 변비와 몸 안의 독소를 빼내는 데 효과적이에요. 특히 향이 강해서 다른 양념을 하지 않아도 맛을 내기에 좋아 양념류로 활용하면 좋습니다. 대가 너무 굵지 않은 것으로 고르고 잎까지 싱싱한 것으로 선택하는 것이 좋아요. 부드러운 줄기는 생으로 겉절이를 해먹고, 굵고 억센 부분은 살짝 데쳐서 나물로 무치면 좋습니다.

부추 한 줌 40g 12kcal
부추는 칼륨이 많은 식품으로 된장을 활용한 요리에 넣으면 잘 어울립니다. 다이어트 중에 나타날 수 있는 빈혈을 막아주는 철분 성분도 많이 들어 있어요. 생채로 먹거나 김치를 만들어도 좋고, 각종 요리에 조금씩 넣으면 잡내를 없애주고 부족한 간을 보충해줍니다.

양상추 1통 450g 40kcal
양상추는 수분 함량이 높고 칼로리가 거의 없어서 다이어트 식품으로 널리 알려져 있습니다. 고를 때는 겉이 연두색을 띠면서 단단한 것으로 선택하는 것이 좋아요. 손질하여 얼음물에 담갔다 사용하면 아삭한 질감이 더 살아납니다. 무난한 맛으로 모든 요리에 잘 어울리므로 샐러드뿐 아니라 고기를 먹을 때도 같이 곁들이면 좋아요.

단호박 1/2통 400g 116kcal
단호박은 풍부한 식이섬유소가 소화를 촉진시키고 장 기능을 원활하게 해주어 체중 감량에 효과적인 식품이에요. 또 우리 몸에 필수적인 비타민 A와 비타민 C를 비롯해 무기질, 탄수화물 등 다양한 영양성분을 함유하고 있어 균형 잡힌 건강을 유지하는 데 도움을 줍니다. 찌거나 구워서 밥 대신 먹어도 좋고, 얄팍하게 썰어 볶거나 수프로 끓여 먹어도 좋아요. 미리 삶아서 으깬 다음 비닐팩에 넣어 냉동실에 보관해두었다가 육수나 우유, 물과 섞어 수프나 죽으로 끓여먹으면 편리합니다.

저칼로리 저염분 조리법 배우기

01. 볶음 요리는 기름 대신 물로

칼로리가 높은 볶음요리를 할 때는 기름 대신 물을 이용해보세요. 달군 팬에 기름 대신 물을 약간 두르고 채소나 고기를 볶으면 프라이팬에 재료가 들러붙지도 않고 훨씬 담백한 맛을 낼 수 있답니다. 재료를 볶기 전에 물을 1큰술 정도 넣고 뚜껑을 덮어 살짝 찌듯이 익혀주면 됩니다. 또 두부를 부칠 때는 한쪽이 완전히 익은 후에 뒤집도록 하세요. 이렇게 하면 기름을 더 넣지 않아도 깨끗하게 부칠 수 있습니다.

02. 튀김요리는 오븐에서

겉은 바삭하고 속은 촉촉한 느낌 때문에 튀긴 음식을 좋아하는 사람이 많습니다. 튀김요리는 조금만 먹어도 섭취하는 칼로리가 어마어마해요. 살찐 사람들 가운데 튀김음식을 좋아하는 사람이 많은 것도 이런 이유 때문입니다. 만약 다이어트 중에 기름에 튀긴 음식이 먹고 싶다면 오븐을 활용해보세요. 밀가루 옷에 빵가루 대신 몸에 좋은 다진 견과류나 호밀빵 가루를 입힌 후에 200도 오븐에서 10분 이상 구워주면 됩니다. 조금 더 바삭한 식감을 원한다면 기름을 스프레이처럼 살짝 뿌려주는 정도에서 마무리하는 것이 좋아요.

03. 무거운 양념 대신 가벼운 양념으로

간장보다는 된장이, 된장보다는 고추장이 칼로리가 더 높습니다. 같은 1큰술의 칼로리를 재보면 간장은 10kcal, 된장은 24kcal, 고추장은 32kcal으로 무거운 양념일수록 칼로리가 높아지는 것을 알 수 있어요. 되도록 가벼운 양념을 사용해서 칼로리를 낮추는 것이 좋습니다. 또 고추장보다는 고춧가루가 칼로리가 더 낮으므로 매운맛을 내고 싶으면 고추장보다는 고춧가루나 다진 고추를 활용하는 것이 좋아요. 단맛을 낼 때는 정제된 백설탕보다는 몸에 좋은 조청이나 칼로리가 낮은 올리고당을 활용하도록 하세요. 과일즙이나 양파즙 등 음식 자체의 단맛을 활용해 요리하는 것도 좋습니다.

04. 찌거나 데쳐서 칼로리 낮추기

식재료를 찌거나 데쳐서 조리하면 재료가 가진 본래의 맛을 살리고 칼로리도 낮출 수 있어요. 채소의 경우 찌고 데치는 정도에 따라 재료가 가진 식감을 자유롭게 조절할 수 있고, 고기는 기름기가 제거되어 담백해집니다. 더 바삭하고 고소한 식감을 살리고 싶으면 프라이팬에 적당량의 물을 두르고 뚜껑을 덮어 찌듯이 익힌 후에 마지막에 센 불로 수분을 날려주면서 앞뒤를 바삭하게 구워주면 됩니다.

05. 참기름 대신 통깨 사용하기

한국 음식은 마무리로 꼭 참기름을 넣곤 하는데 이렇게 습관적으로 넣는 참기름의 칼로리가 1큰술에 130kcal나 됩니다. 다이어트를 생각하면 되도록 양을 줄이거나 통깨를 활용하는 것이 좋겠지요. 완성된 요리에 참기름 대신 통깨를 손으로 부셔서 뿌려주면 향도 좋고 씹히면서 고소한 맛도 즐길 수 있습니다.

06. 오메가3가 풍부한 지방 사용하기

이왕 사용할 기름이라면 오메가3가 풍부한 기름을 사용하는 것이 좋아요. 지방에는 다양한 종류가 있는데, 오메가3 지방산의 비율을 높이면 저밀도 콜레스테롤 수치와 중성지방을 낮추는 데 도움이 됩니다. 또 혈액순환을 원활하게 해주고 몸의 신진대사를 활발하게 하여 지방연소 효과를 높여줍니다. 고등어와 삼치 같은 등푸른생선이나 포도씨유, 올리브유 등을 사용해서 몸에 좋은 오메가3를 섭취하세요.

생활 속에서 손쉽게 나트륨 줄이는 방법

01. 좋은 소금, 똑똑하게 고르기

소금만 잘 써도 나트륨 섭취량을 줄일 수 있어요. 보통 바다에서 채취하는 소금에는 각종 미네랄이 들어 있는데 식용으로 사용하기 위해 정제하는 과정에서 미네랄 성분도 없어집니다. 너무 많이 정제된 소금을 먹게 되면 영양가는 하나도 없이 염화나트륨만 섭취하게 되는 셈이죠. 소금을 고를 때는 되도록 덜 정제된, 미네랄 함유량이 높은 천일염을 선택하도록 하세요. 나트륨 섭취를 줄이면서 음식 맛을 좋게 하려면 3년이나 5년 이상 간수를 뺀 숙성천일염을 사용해도 좋습니다. 시중에 저염식을 위한 기능성 소금도 나와 있는데, 이런 소금은 나트륨 함량을 줄이기 위해 다른 화학성분을 첨가한 것이 대부분이에요. 나트륨 섭취를 줄이기 위해 활용해도 좋겠지만, 그보다는 조금씩 소금의 양을 줄여가면서 싱겁게 먹는 데 익숙해지는 것이 훨씬 더 중요합니다.

02. 된장, 고추장, 간장의 염분 줄이기

된장이나 고추장을 사용할 때는 다진 양파, 양배추 등의 채소를 넣어 짠맛을 줄여보세요. 으깬 두부를 넣어서 짠맛을 줄이고 양을 늘리는 것도 좋습니다. 간장은 평소 사용하던 양보다 적게 넣는 습관을 들이도록 하고 양파즙이나 무즙을 섞어 사용해도 좋아요. 쌈장은 다진 채소를 많이 넣고, 두부를 넣어 맛을 조절하면 됩니다. 짭짤한 맛이 아닌 다양한 채소의 맛으로 깊은 맛을 내고, 두부와 견과류를 넣어 씹히는 식감과 고소한 맛을 살려줍니다.

저염 된장 만드는 법

된장 : 볶은 콩가루 : 물의 비율을 1 : 1 : 1로 준비해서 볶은 콩가루에 물을 넣어가며 잘 개어줍니다. 그런 다음 집에 있는 된장에 콩가루 갠 것을 넣어가며 적당히 농도를 맞춰주세요. 완성된 저염 된장은 밀폐용기에 넣어 냉장고에서 보관합니다.

토마토 고추장 만드는 법

토마토는 잘 익은 것으로 골라 깍둑썰기를 한 후 냄비에 넣고 졸여주세요. 뭉근하게 졸여졌으면 같은 양의 고추장을 넣고 잘 섞어줍니다. 완성된 토마토 고추장은 밀폐용기에 넣어 냉장고에서 보관합니다.

03. 천연 조미료로 깊은 맛 내기
국물요리를 할 때 천연 재료로 만든 육수를 이용하면 간을 덜 해도 깊은 맛을 낼 수 있습니다. 말린 표고버섯이나 새우, 다시마, 멸치 등을 깨끗이 손질하여 프라이팬에서 살짝 볶은 후 곱게 갈아두면 쉽게 천연 육수를 만들 수 있어요.

04. 소금 대신 천연 식재료 활용하기
조리할 때 소금으로 100% 간을 맞추기보다는 레몬이나 식초 등으로 신맛을 살짝 첨가해주면 나트륨 섭취량을 줄일 수 있어요. 아주 새콤한 레몬을 먹을 때 짠맛이 나는 것과 같은 원리입니다. 생선을 구울 때 굵은 소금 대신 레몬에 재워두면 비린내가 제거되고 생선살도 탱탱해집니다. 또 고기를 재울 때 배나 사과, 양파 등을 갈아 넣으면, 과일과 채소에 든 칼륨이 나트륨을 몸 밖으로 배출시켜주고 소금의 양도 줄일 수 있어요. 그 밖에 파와 마늘, 생강, 후춧가루 등을 이용하여 풍미를 높이거나 각종 서양요리를 할 때 허브가루나 카레가루 등을 넣어 음식의 깊은 맛을 더해주는 것도 좋은 방법입니다.

기본 밥 짓기

현미 100g `349kcal`
현미의 칼로리는 백미보다 높은 편입니다. 그러나 같은 양을 먹었을 때 훨씬 포만감을 느낄 수 있고, 백미보다 딱딱해서 오랫동안 먹게 되므로 상대적으로 적은 칼로리를 섭취하게 됩니다. 껍질째 먹으므로 유기농으로 섭취하는 것이 좋고, 도정 날짜를 보고 오래되지 않은 것을 선택해주세요. 보관할 때는 직사광선이 들지 않는 습하지 않은 곳에 넣고 보관하거나 냉동고에 보관하면 됩니다.

팥 100g `312kcal`
팥은 18%가 식이섬유소로 구성되어 있으며, 이뇨작용을 하여 배변을 촉진시켜주고, 장을 청소해주는 역할을 합니다. 그밖에도 당질이 근육 내에 축적되지 못하게 하면서 에너지로 변화시키는 역할을 하여 다이어트에도 효과가 있어요. 윤기가 돌며 알갱이가 고르고 깨지지 않은 것으로 구입해서 밀봉하여 냉동고에 보관해주세요.

율무 100g `379kcal`
율무는 변비에 좋고, 단백질 속에 있는 아미노산 분해효소에 의해 신진대사가 활발해져 피부와 몸속 노폐물을 몸 밖으로 빨리 배출시켜주는 역할을 합니다. 다만 몸을 차게 하는 성질이 있으므로 임산부나 소화기가 약한 사람은 주의하도록 합니다. 고를 때는 윤기가 돌며 알갱이가 고르고 깨지지 않은 것으로 구입해서 밀봉하여 냉동고에 보관해주세요.

❶

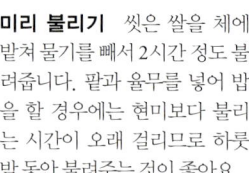

❷

❸

❹

쌀 씻기 쌀을 씻을 때는 먼저 3번 정도 손가락을 벌려 씻은 다음 첫물은 바로 버립니다. 이렇게 겉에 묻어 있는 불순물 등을 제거한 다음에는 맑은 물이 나올 때까지 3번 정도 물을 헹궈가며 씻어주세요.

미리 불리기 씻은 쌀을 체에 밭쳐 물기를 빼서 2시간 정도 불려줍니다. 팥과 율무를 넣어 밥을 할 경우에는 현미보다 불리는 시간이 오래 걸리므로 하룻밤 동안 불려주는 것이 좋아요.

물의 양 맞추기 밥솥에 불린 쌀을 넣고 물을 부어줍니다. 물의 양은 손등으로 눌렀을 때 손등을 가릴 정도가 적당합니다. 쌀을 씻은 후에 손등까지 찰랑찰랑 오도록 물을 붓고 불린 후에 그대로 밥솥에 넣고 밥을 지어도 됩니다.

밥하기 밥솥에 넣고 밥을 짓습니다. 전기밥솥으로 밥을 지을 때는 메뉴에서 현미 취사를 선택해주면 되고, 압력솥의 경우에는 센 불로 시작해서 추가 울리면 불을 약하게 줄인 다음 10분 후에 불을 끄고 뜸을 들이면 됩니다.

간단 다이어트 계량법

계량스푼 1큰술은 15ml, 1작은술은 5ml입니다. 가루 재료와 고체 재료는 깎았을 때의 분량으로 재고, 액체 재료는 약간 위로 올라오는 한 숟가락 떴을 때의 분량으로 계량합니다. 계량기구를 갖춰야 정확한 칼로리가 계산이 가능하므로 계량스푼 하나 정도는 구입하라고 권하고 싶어요. 특히 양념류는 양에 따라서 칼로리와 나트륨량이 차이가 많이 나기 때문에 정확한 계량기구를 사용하는 것이 좋습니다. 계량기구가 준비되지 않았다면 밥숟가락을 이용하세요. 계량스푼 1큰술은 밥숟가락으로 1과 1/3큰술입니다.

	1큰술	1작은술
간장, 식초 등의 액체류 (계량스푼의 가장자리가 넘치지 않을 정도로 담아 계량한다)		
설탕, 소금 등의 가루류 (가득 담은 후 윗부분을 편편하게 깎아 계량한다)		
된장, 고추장 등의 장류 (가득 담은 후 윗부분을 편편하게 깎아 계량한다)		

계량컵은 200ml로 편편한 곳에서 가장자리가 넘치지 않을 정도로 담아줍니다. 계량컵이 없을 때는 종이컵으로 대신해도 됩니다.

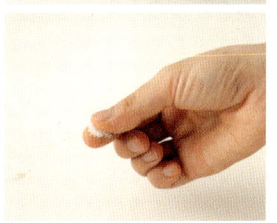

이 책에서 '약간'은 엄지와 검지 손가락으로 가득 집었을 때의 양입니다.

건강한 저칼로리 밥상 차리기 원칙

아침, 점심, 저녁은 어떻게 먹어야 할까?

다이어트할 때 아침, 점심, 저녁의 비율은 3:3:2 정도로, 저녁을 조금 가볍게 먹는 것이 좋습니다. 아침과 점심에는 현미밥 1/2 공기를 먹고, 저녁에는 1/3 공기로 밥의 양을 조금 줄이는 대신 식이섬유소가 충분한 채소와 단백질을 풍부하게 섭취하도록 하세요.

아침에는 통밀빵, 전곡류, 시리얼 등으로 두뇌활동에 필요한 탄수화물을 충분히 섭취해서 오전 중에 필요한 에너지를 보충해줍니다. 점심은 되도록 채소를 충분히 섭취할 수 있는 메뉴로 500~600kcal 내에서 골라 먹도록 하세요. 저녁은 잠자기 전에 먹는 것을 고려해서 소화가 잘 되고 기름지지 않은 것으로 구성해줍니다.

간혹 다이어트를 한다고 아침은 황제처럼, 저녁은 걸인처럼 먹는다는 사람도 있는데, 그렇게 하면 결국 위의 크기가 줄어들지 않아서 장기적으로 다이어트 효과를 보기 어려워요. 따라서 아침, 점심, 저녁을 적절히 균형 있게 배분하되, 만약에 저녁에 약속이 있다면 아침과 점심은 가볍게 먹고, 전날 과식을 했다면 다음날은 조금 가볍게 먹는 식으로 조절하는 것이 좋습니다. 이렇게 하루에 섭취하는 칼로리를 500~800kcal 정도만 줄여도 한 달에 약 2kg의 체중을 줄이는 효과를 볼 수 있어요.

아침 밥상

점심 밥상

저녁 밥상

영양은 높이고 칼로리는 낮춘 밥상 차리기

다이어트할 때 3대 영양소의 이상적인 섭취 비율은 탄수화물 55~60%, 단백질 20~25%, 지방 15~20% 정도입니다. 탄수화물은 정제되지 않은 곡물 위주로, 단백질은 필수아미노산이 풍부한 저지방 단백질로, 지방은 불포화지방산이 많은 지방으로 골라 섭취하세요.

탄수화물은 현미밥이나 통밀 등 도정하지 않은 곡류로 먹는 것이 좋습니다. 현미밥과 통밀 같은 입에 거친 음식에는 식이섬유소가 풍부해 같은 양을 먹어도 포만감을 더 느낄 수 있고, 소화 속도도 느려서 다이어트에 효과적입니다. 탄수화물은 신체 기능을 유지하기 위해 성인 기준으로 하루 최소 100g 이상 섭취하는 것이 좋아요.

단백질은 등푸른생선이나 닭가슴살, 지방이 적은 돼지고기 부위나 영양이 풍부한 콩단백질이 좋고, 지방은 몸에 좋은 오메가3가 함유된 신선한 등푸른생선이나 올리브유, 견과류 등으로 적당량 섭취합니다. 또 밥상에는 다양한 채소 반찬이 항상 오를 수 있도록 신경 써주세요.

이 책에서는 기본적인 영양 섭취 기준을 따르되 포만감과 근육 형성을 위해 단백질 함량을 조금 높여 구성했습니다.

건 강 한 다 이 어 트 의 시 작
아침 밥상 20세트

건강한 다이어트를 위해서는 아침 식사를 잘 챙기는 것이 무엇보다 중요해요. 바쁘고 번거롭다는 이유로 아침을 건너뛰게 되면 자연히 점심과 저녁에 먹는 양이 많아지게 되거든요. 아침 밥상에는 현미밥이나 곡물빵 같은 탄수화물 식품을 올려서 하루 종일 바쁘게 움직여야 하는 뇌에 필요한 영양을 공급해주어야 합니다. 또 밤새 쉬고 있던 소화기관에 부담이 되지 않도록 소화가 잘 되는 채소나 담백한 단백질 위주로 상차림을 준비해보세요. 영양죽이나 수프, 달걀을 이용한 한 접시 요리도 바쁜 아침에 간단히 만들어 먹을 수 있는 좋은 아침 메뉴입니다.

현미율무밥과 새우양파겨자찜 밥상

현미율무밥·얼갈이된장국·새우양파겨자찜·연두부샐러드·죽순고추잡채

찐 새우와 양파를 겨자 드레싱에 찍어 먹는 새우양파겨자찜에
소화가 잘 되는 연두부샐러드를 곁들인 가벼운 아침 밥상입니다.
죽순고추잡채의 아삭한 맛도 함께 즐겨보세요.

441 kcal
나트륨 843mg

◉ 30분 밥상 차리기
- 모든 재료 씻어서 준비   • 멸치 육수 내기   • 양파와 새우 찜통에 넣고 찌기   • 양상추 얼음물에 담그기
- 고추장 양념장과 겨자 드레싱 만들기   • 죽순고추잡채 볶기   • 얼갈이 배추잎 넣고 국에 간하기   • 연두부샐러드 만들기
- 새우양파겨자찜 완성

연두부 샐러드 71kcal

매콤새콤한 돌나물과 부드러운 연두부가 잘 어울리는 담백한 샐러드입니다. 참기름 대신 먹기 직전에 깨를 살짝 부셔서 뿌려주면 칼로리는 줄이면서 고소함은 살릴 수 있어요.

재료(2인분)
- 연두부 ················ 1모(200g)
- 돌나물 ················ 80g
- 참깨 ················ 1/2작은술

양념장 재료
- 식초 ················ 2큰술
- 고추장 ················ 2작은술

만드는 법
1. 돌나물은 깨끗이 씻어 물기를 빼놓고, 연두부는 도톰하게 썬다.
2. 식초와 고추장을 골고루 섞어서 양념장을 만든다.
3. 그릇에 양념장을 뿌린 돌나물을 담고 그 위에 연두부를 올린다.
4. 먹기 직전에 깨를 살짝 뿌려낸다.

얼갈이된장국 20kcal

저염 된장으로 간을 해서 아침에 먹기에 부담 없는 국입니다. 얼갈이 배추는 비타민 C와 칼슘은 풍부한 반면 단백질은 부족해서 된장과 함께 먹으면 좋아요.

재료(2인분)
- 얼갈이 배추잎 ············ 10장(100g)
- 저염 된장 ················ 2작은술
- 다진 마늘 ················ 1작은술
- 파 ················ 약간

멸치 육수 재료
- 멸치(국거리용) ············ 10마리
- 다시마 ················ 2장
- 물 ················ 2컵

만드는 법
1. 물 2컵에 멸치와 다시마를 넣고 약한 불에서 20분 동안 끓여 육수를 낸다.
2. 얼갈이 배추잎은 2cm 폭으로 썰고, 파는 어슷하게 썬다.
3. 육수가 우러났으면 멸치와 다시마를 건져내고 얼갈이 배추잎을 넣는다.
4. 배추가 익으면 저염 된장과 다진 마늘을 넣고 한소끔 끓인 후 파를 넣는다.

새우 양파 겨자 찜 123kcal

찜통에 쪄내 부드러우면서 단맛이 나는 양파찜과 아삭한 양상추, 새우 맛이 산뜻한 요리입니다.
드레싱을 뿌리는 대신 곁들여서 살짝 찍어 먹으면 칼로리와 나트륨 섭취를 줄일 수 있어요.

재료(2인분)
칵테일새우	14마리(120g)
양파 큰 것	1개
양상추잎	5장

겨자 드레싱 재료
식초	4큰술
설탕	1큰술
다진 마늘	1큰술
연겨자	1작은술

다이어트 TIP
양파의 껍질과 알맹이에 함유된 퀘르세틴은 지방 흡수를 억제하고, 배출을 촉진시켜줍니다. 따라서 육류 요리와 함께 먹으면 지방 섭취를 줄일 수 있습니다. 또 양파 특유의 매운맛과 자극적인 냄새는 유화알릴이라는 성분 때문인데, 소화액의 분비를 돕고 신진대사를 원활히 하는 효과가 있어요.

❶ 새우는 깨끗이 씻고, 양파는 도톰하게 링 모양으로 썬다. 양상추는 먹기 좋은 크기로 손질한 후 찬물이나 얼음물에 담가둔다.

❷ 식초와 설탕, 다진 마늘, 연겨자를 골고루 섞어 겨자 드레싱을 만든다.

❸ 새우와 양파를 찜통에 넣고 10분간 찐다.

❹ 양상추의 물기를 빼고 그릇에 올린 다음 그 위에 찐 새우와 양파를 올리고, 드레싱을 곁들인다.

66kcal 죽순고추잡채

아삭하게 씹히는 맛이 좋은 죽순과 풋고추가 잘 어울리는 볶음 반찬입니다.
둘 다 향이 좋은 재료라서 간을 약하게 해도 심심하지 않고 맛있게 먹을 수 있어요.

재료(2인분)

- 통조림 죽순 ·············· 2개분(200g)
- 풋고추 ························· 6개
- 들기름 ························· 1작은술
- 재래간장 ······················ 1/2큰술
- 굵은 후춧가루 ··············· 1/2작은술

다이어트 TIP

고추에 함유되어 있는 캡사이신은 위액 분비를 촉진하고 단백질의 소화를 도와줍니다. 또 운동과 병행하면 지방을 연소하는 효과가 있어 체지방을 낮추는 데 효과가 있어요. 캡사이신 성분은 생고추보다는 마른 고추에, 풋고추보다는 청양고추에 더 많이 함유되어 있습니다. 특히 고추를 요리해 먹을 때는 고추씨까지 함께 먹는 것이 좋은데, 고추씨에는 고추 껍질보다 2배나 많은 캡사이신 성분이 함유되어 있기 때문이랍니다.

❶ 죽순은 모양을 살려 편으로 썰고, 고추는 반으로 갈라 씨를 빼고 어슷하게 채 썬다.

❷ 달군 팬에 들기름을 두른 후 중간 불에서 죽순을 넣고 아삭한 식감이 살도록 3분 정도 살짝 볶아준다.

❸ 죽순이 숨이 죽으면 불을 약하게 줄인 후 재래간장을 넣고 1분간 더 볶아준다.

❹ 센 불에서 풋고추와 후춧가루를 넣고 골고루 섞어준 후 그릇에 담아낸다.

현미밥과 돼지고기숙주볶음 밥상

현미밥 · 무국 · 돼지고기숙주볶음 · 시래기두부나물 · 즉석연근피클

채소를 듬뿍 넣은 돼지고기볶음과 기름을 두르지 않아서 더 개운한 무국으로 차린
담백한 아침 밥상입니다. 아삭하게 씹히는 맛이 일품인 새콤한 연근피클도 곁들여보세요.

403 kcal

나트륨 608mg

🕧 30분 밥상 차리기

- 시래기 물에 불리기(하루 전날) • 모든 재료 씻어서 준비 • 연근 데쳐서 피클 만들기 • 무국 올리기
- 시래기두부나물 만들기 • 돼지고기숙주볶음 만들기 • 무국에 간하고 실파 뿌려내기

무 국 6kcal

아침에 시원하게 즐길 수 있는 국입니다. 보통은 참기름이나 들기름에 볶아서 끓이지만 기름을 두르지 않으면 더 담백하고 개운하게 즐길 수 있어요.

재료(2인분)
- 무 1cm ················· 1/2 토막
- 다진 마늘 ················· 1/2작은술
- 다시마 ················· 2장
- 물 ················· 2컵
- 실파 ················· 약간
- 소금 ················· 약간

만드는 법
1. 무는 납작하게 썰고, 실파는 송송 썬다.
2. 냄비에 무와 다진 마늘, 다시마, 물을 넣고 끓인다.
3. 끓기 시작하면 불을 줄이고 맛이 우러나도록 15분간 더 끓여준다.
4. 소금으로 간을 하고 실파를 뿌려낸다.

즉석 연근 피클 39kcal

아삭하게 씹히는 맛이 일품인 연근으로 즉석 피클을 만들어보세요. 한번에 많이 만들어두고 밑반찬으로 활용해도 좋아요.

재료(2인분)
- 연근 ················· 10cm(100g)
- 식초 ················· 2큰술
- 올리고당 ················· 1/2작은술

만드는 법
1. 연근은 얇게 편을 썬 다음 끓는 물에 살짝 데친다.
2. 데친 연근을 얼음물에 담가 식힌 다음 건져내 체에 밭쳐 물기를 뺀다.
3. 식초와 올리고당을 골고루 섞은 후 연근을 넣어 30분 이상 절여둔다.

TIP
연근은 되도록 얇게 썰어 살짝 데쳐야 아삭하고 맛있습니다.

돼지고기 숙주 볶음 148kcal

담백하게 즐길 수 있는 돼지고기 요리예요. 토마토, 부추, 숙주 등 다양한 색깔의
채소를 넣어 먹는 즐거움에, 보는 즐거움까지 더한 요리입니다.

재료(2인분)
돼지고기 앞다릿살 불고깃감 ···· 80g
숙주 ································· 80g
토마토 중간 크기 ················ 1개
부추 ································· 60g
재래간장 ·························· 1큰술
올리고당 ························ 1작은술
후춧가루 ····················· 1/4작은술

다이어트 TIP
다이어트에 적합한 돼지고기 부위는 뒷다릿살과 앞다릿살, 등심, 안심입니다. 100g당 칼로리는 앞다릿살이 181kcal, 목살과 등심은 264kcal 입니다. 안심은 100g당 223kcal의 비교적 저칼로리에 지방이 거의 없어서 닭가슴살에 물렸을 때 대신 먹으면 좋아요. 다른 부위에 비해 가격이 싼 다릿살은 수육이나 찜요리에 적당합니다.

❶

돼지고기 앞다릿살은 3cm 폭으로 썰고, 부추는 5cm 길이로 썬다. 숙주는 깨끗이 씻어 다듬고, 토마토는 10등분한다.

❷

달군 팬에 돼지고기 앞다릿살을 넣은 뒤 센 불에서 볶아준다.

❸

돼지고기가 익으면 불을 약하게 줄이고 숙주와 토마토를 넣어 뚜껑을 덮은 후 5분간 익힌다.

❹

숙주가 익으면 부추와 재래간장, 올리고당, 후춧가루를 넣고 골고루 섞어준다.

57kcal 시래기 두부 나물

식물성 단백질이 풍부한 고소한 두부와 된장으로 무친 시래기 나물입니다.
밥에 비벼 먹으면 각종 영양성분이 풍부한 한 끼 식사로 그만이에요.

재료(2인분)

시래기	70g
두부	100g
풋고추	1/2개
저염 된장	1큰술

다이어트 TIP

시래기(무청)에는 비타민 A, C, B1, B2, 칼슘 등 풍부한 영양소가 함유되어 있습니다. 또 단백질 분해 효소, 지방 분해 효소 등 여러 가지 소화 효소를 함유하고 있어서 소화 흡수를 촉진시키는 효과가 있어요.

❶ 하룻밤 불린 시래기는 깨끗이 씻어 3cm 길이로 썰고, 풋고추는 반으로 자른 후에 가늘게 송송 썬다.

❷ 두부는 키친타월로 눌러 물기를 뺀 후 칼로 으깬다.

❸ 콩가루를 넣어 만든 저염 된장을 시래기에 넣고 잘 버무린다.

❹ 3에 두부와 풋고추를 넣고 골고루 섞다가 간이 잘 배도록 조물조물 무쳐준다.

현미밥과 고등어무조림 밥상

현미밥 · 달걀국 · 고등어무조림 · 도라지오이생채 · 된장취나물

고등어와 대표적인 다이어트 식품인 달걀로 차린 고단백 저칼로리 밥상이에요.
도라지, 무, 오이 등 다양한 채소로 비타민과 무기질을 보충해주면
영양의 균형이 잡힌 밥상이 완성됩니다.

538 kcal

나트륨 **739mg**

🍚 30분 밥상 차리기

· 모든 재료 씻어서 준비 · 무와 다시마 넣고 끓이기 · 달걀국 멸치 육수 내기 · 달걀 풀고 대파 송송 썰기
· 고등어무조림 만들기 · 취나물 데쳐서 된장에 버무리기 · 도라지오이생채 버무리기 · 풀어놓은 달걀 넣고 국 완성

도라지 오이 생채 23kcal

도라지 특유의 향과 오이의 시원한 맛이 어우러진 생채로 발사믹 식초의 새콤한 맛이 부족한 간을 채워줍니다. 흔히 먹던 생채와는 다른 새로운 맛을 느낄 수 있어요.

재료(2인분)
도라지 · 50g
오이 · 1/4개(50g)
발사믹 식초 · · · · · · · · · · · · · · · · · · · 1큰술

만드는 법
1 도라지는 껍질을 벗기고 깨끗이 씻은 다음, 물에 주물러 씻어서 쓴맛을 제거해준다.
2 오이는 반으로 잘라 어슷하게 자른다.
3 도라지와 오이, 발사믹 식초를 골고루 섞어 버무린다.

된장 취나물 19kcal

취나물의 향과 된장의 구수한 맛이 잘 어우러지는 나물입니다. 취는 봄에 나오는 참취가 가장 맛이 좋고, 부드럽고 연한 녹색을 띠는 것이 뻣뻣하지 않고 향이 좋아요.

재료(2인분)
취나물 · 70g
저염 된장 · · · · · · · · · · · · · · · · · · · 1작은술
통깨 · 1/2작은술

만드는 법
1 취나물은 깨끗이 다듬어 씻은 후 끓는 물에 데쳐 물기를 꼭 짠다.
2 취나물과 저염 된장을 조물조물 버무린 후 통깨를 부셔 골고루 섞어낸다.

TIP
취나물은 작고 어린잎을 고르는 것이 좋고, 데칠 때는 끓는 물에 한번에 넣어야 색이 변하지 않습니다. 김을 쏘이게 되면 까맣게 변할 수 있으니 주의하세요.

고등어무조림 246kcal

다시마의 감칠맛이 잘 배어든 삼삼하게 먹을 수 있는 고등어 조림입니다.
맛이 개운하고 기름기가 많은 고등어를 담백하게 먹을 수 있어서 좋아요.

재료(2인분)

고등어	1/3마리(150g)
무	2cm(60g)
대파	15cm
건고추	1개
마늘	2개
재래간장	2작은술
올리고당	1작은술
다시마	1장
물	1컵

다이어트 tip

고등어는 EPA, DHA 같은 불포화지방산이 풍부해서 다이어트할 때 지방 섭취원으로 사용하면 좋아요. 요리할 때는 무를 함께 곁들이면 좋은데, 그 이유는 무의 매운맛 성분인 이소시아네이트가 생선의 비린내를 없애주기 때문입니다. 또 무의 비타민 C와 소화효소가 고등어의 영양을 보완해줍니다. 지방이 많은 생선이므로 기름을 두르고 팬에 굽기보다는 찌거나 물을 두른 팬에 구워서 칼로리를 낮춰주세요.

① 대파는 어슷하게 썰고, 건고추는 가위로 어슷하게 자른다. 마늘은 편으로 썬다.

② 냄비에 물 1컵을 넣고 무와 다시마를 넣고 끓인다.

③ 무가 반쯤 익으면 고등어와 대파, 건고추, 마늘, 재래간장, 올리고당을 넣고 약한 불로 줄인 다음 뚜껑을 덮고 찐다.

④ 간이 잘 배도록 양념장을 끼얹어가면서 익힌다.

97kcal 달걀국

다시마와 멸치로 만든 진한 육수에 달걀을 풀어 넣은 깔끔한 맛의 국이에요.
마지막에 송송 썬 대파를 넣어주면 달달하면서도 시원한 국물이 완성됩니다.

재료(2인분)
- 달걀 · · · · · · · · · · · · · 2개
- 대파 · · · · · · · · · · · · · 10cm
- 소금 · · · · · · · · · · · · · 약간

멸치 육수 재료
- 다시마 · · · · · · · · · · · · 1장
- 멸치(국거리용) · · · · · · · 7마리
- 물 · · · · · · · · · · · · · · 2컵

다이어트 Tip
달걀흰자는 단백질 함유량 90%에 저열량, 저지방으로 다이어트에 좋지만, 달걀노른자는 지방이 많으니 과잉섭취하지 않도록 주의하세요. 칼로리는 삶은 달걀 1개(50g) 기준으로, 흰자는 33g에 16kcal, 노른자는 17g에 62kcal 정도입니다.

❶ 대파는 송송 썰고, 달걀은 곱게 푼다.

❷ 물 2컵에 다시마와 멸치를 넣고 육수를 만든다.

❸ 육수가 우러나면 불을 줄이고 곱게 푼 달걀을 뭉치지 않도록 동그랗게 돌려가며 넣는다.

❹ 송송 썬 대파를 넣고 소금으로 간을 한다.

현미율무밥과 언두부고구마줄기볶음 밥상

현미율무밥 · 취나물국 · 언두부고구마줄기볶음 · 더덕생채 · 버섯꼬막무침

368 kcal

나트륨 629mg

요리하다 두부가 남았을 때는 냉동해두었다가 고구마 줄기와 함께 볶아보세요.
두부를 얼리면 단백질 함유량이 5배나 늘고 소화흡수율도 높아집니다.
꼬막살의 꼬들꼬들한 맛과 버섯의 쫄깃한 식감이 잘 어우러지는 버섯꼬막무침도 맛있어요.

30분 밥상 차리기

- 모든 재료 씻어서 준비
- 다시마 육수 내기
- 고구마줄기 껍질 벗겨 삶기
- 버섯 데친 후 꼬막 삶기
- 더덕 고춧가루에 버무리기
- 꼬막무침과 더덕생채 양념장 만들기
- 취나물국 만들기
- 꼬막 무치기
- 언두부와 고구마 줄기 볶기
- 더덕 무치기

취나물국 19kcal

취나물은 칼륨 함량이 높은 알칼리성 식품으로 몸 안의 나트륨을 밖으로 배출시켜줍니다. 저염 된장을 넣어 취의 향이 더욱 좋은 국입니다.

재료(2인분)

취나물	60g
저염 된장	1/2큰술
소금	약간

육수 재료

다시마	2장
물	2컵

만드는 법

1 물 2컵에 다시마를 넣고 10분 정도 끓여 육수를 낸다.
2 취나물은 깨끗이 씻어 먹기 좋은 크기로 손질한다.
3 육수가 우러나면 취나물과 저염 된장을 넣고 5분 정도 더 끓인 다음, 소금간을 한 후 그릇에 담아낸다.

TIP
나물을 넣고 오랫동안 끓이면 너무 물러질수 있어요. 중간 정도의 약불에서 끓여주면 향도 살고 건더기의 질감도 좋습니다.

버섯꼬막무침 52kcal

꼬막살의 꼬들꼬들한 맛과 버섯의 쫄깃한 식감이 잘 어우러지는 무침입니다. 풋고추를 넣어주면 조개의 비린 맛을 잡아주면서 산뜻하게 씹히는 맛을 즐길 수 있어요.

재료(2인분)

맛타리버섯	100g
꼬막	20개

양념장 재료

청고추	1개
재래간장	1/2작은술
통깨	1/4작은술

만드는 법

1 맛타리버섯은 깨끗이 씻어 적당한 크기로 찢은 후 끓는 물에 데친다.
2 꼬막은 깨끗이 씻은 후 끓는 물에 삶아 살만 발라낸다.
3 어슷하게 썬 청고추를 재래간장, 통깨와 섞은 다음, 손질한 꼬막과 맛타리버섯을 넣고 잘 버무린다.

언두부고구마줄기볶음 105kcal

두부를 얼리면 유부처럼 쫄깃한 식감은 살리고 칼로리를 낮출 수 있습니다.
씹히는 맛이 좋은 언두부로 색다른 볶음요리를 만들어보세요.

재료(2인분)

고구마 줄기 ·················· 100g
언두부 ······················· 200g
재래간장 ···················· 1작은술
들기름 ······················ 1작은술

다이어트 TIP

두부는 100g당 83kcal의 저칼로리에 GI수치(혈당 수치)가 42로 매우 낮은 대표적인 다이어트 식품입니다. 또 91%가 수분으로 구성되어 있어서 적게 먹어도 포만감을 느낄 수 있고, 다이어트할 때 부족하기 쉬운 칼슘과 미네랄도 풍부해요. 맛과 영양의 균형을 위해서는 채소류나 해조류, 멸치 등과 함께 먹는 것이 좋습니다.

❶ 고구마 줄기는 껍질을 벗겨 씻은 후 끓는 물에 10분간 삶는다.

❷ 삶은 고구마 줄기를 6cm 길이로 썰고, 언두부는 미리 해동해서 물기를 꼭 짠 후 손가락 굵기로 길게 썬다.

❸ 팬에 들기름을 두르고 고구마 줄기와 언두부를 넣고 볶는다. 고구마 줄기가 부드러워지면 재래간장을 넣고 골고루 무쳐준다.

31kcal 더덕생채

방망이로 밀어 얇게 찢은 더덕에 새콤달콤한 양념을 더한 맛있는 생채입니다.
더덕은 적은 양을 먹어도 포만감이 높은 식품으로 다이어트에 큰 효과를 볼 수 있어요.

재료(2인분)
더덕 ·················· 4개(80g)

양념장 재료
고추장 ················ 1/4작은술
고춧가루 ·············· 1/4작은술
식초 ··················· 1큰술
올리고당 ·············· 1/2작은술

다이어트 TIP
더덕은 칼로리가 100g당 55kcal밖에 되지 않는 저칼로리 건강식품입니다. 더덕에 함유된 사포닌 성분은 신진대사를 원활하게 해주어 스트레스의 원인인 활성산소를 제거해주고 콜레스테롤 수치를 낮춰주는 효과도 있어요. 더덕생채를 할 때 고춧가루로 미리 버무려주면 칼로리는 줄이면서 더덕을 미리 절이는 효과가 있어요.

❶ 더덕은 깨끗이 씻어 껍질을 벗긴 후에 반으로 갈라 방망이로 두들겨 얇게 펴준다.

❷ 넓게 편 더덕을 칼로 가늘게 채 썬다.

❸ 고춧가루를 먼저 넣고 골고루 버무려 색을 내준다.

❹ 3에 고추장과 올리고당, 식초를 넣고 골고루 섞어준다.

현미밥과 표고버섯불고기 밥상

현미밥 · 오징어국 · 표고버섯불고기 · 우엉된장무침 · 미나리겉절이

칼로리가 낮아 마음껏 먹어도 살 찔 염려가 없는 표고버섯불고기와
감칠맛이 일품인 오징어국으로 건강한 아침 밥상을 준비해보세요.

311 kcal

나트륨 765mg

30분 밥상 차리기

- 표고버섯불고기 볶기
- 우엉된장에 무치기
- 오징어국 끓이기
- 미나리겉절이 만들기
- 표고버섯 양념에 재기
- 우엉찌기
- 오징어국 육수내기
- 모든 재료 씻어서 준비

미나리 겉절이 7kcal

미나리 향이 미각을 자극하는 겉절이입니다. 미나리 대신 향이 좋은 부추나 참나물, 달래 등을 활용해도 좋아요.

재료(2인분)
미나리 ················· 7대(70g)

양념장 재료
고춧가루 ················ 1/8작은술
재래간장 ················ 1/2작은술
식초 ···················· 2작은술

만드는 법
1 미나리는 깨끗이 씻어 5cm 길이로 썬다.
2 분량의 고춧가루, 재래간장, 식초를 골고루 섞어 양념장을 만든다.
3 2를 미나리와 함께 골고루 버무린다.

TIP 미나리는 대가 너무 굵지 않은 것으로 골라야 씹을 때 질기지 않아요.

오징어국 46kcal

시원한 국물이 입맛을 사로잡는 국입니다. 고추장 대신 고춧가루를 넣어 칼로리도 낮추고 깔끔함을 더했어요.

재료(2인분)
오징어 ················· 1/8마리(80g)
파 ···················· 10cm
고춧가루 ················ 1/8작은술
재래간장 ················ 1작은술

육수 재료
물 ···················· 2컵
다진 마늘 ··············· 1/2작은술
무 1cm ················· 1/4토막(20g)
다시마 ················· 1장

만드는 법
1 오징어는 깨끗이 씻어 손가락 굵기로 썰고, 파는 어슷하게 썬다. 무는 필러로 납작하게 깎는다.
2 냄비에 물 2컵을 붓고 다시마, 무, 다진 마늘을 넣고 10분간 끓이다가 오징어와 파, 고춧가루를 넣고 5분간 더 끓인다.
3 재래간장으로 간을 하고 3분간 더 끓인 후 그릇에 담아낸다.

표고버섯 불고기 60kcal

소고기 대신 향과 씹는 맛이 좋은 표고버섯으로 만든 자연식 불고기입니다.
생표고버섯의 씹히는 맛이 일품인데다 칼로리도 낮아 마음껏 먹어도 살 찔 염려가 없어요.

재료(2인분)

표고버섯	5개
당근	30g
양파	20g
실파	5대
통깨	약간

양념장 재료

재래간장	2작은술
올리고당	1/2작은술
다진 마늘	1작은술
들기름	1작은술

다이어트 TIP

표고버섯은 몸속의 찌꺼기를 분해해서 배출해주고 혈중 지방을 녹이는 효과가 있어 다이어트에 좋습니다. 요리하면 고기와 같은 맛이 나기 때문에 고기 대신 먹거나 볶거나 무치는 등 여러 가지 방법으로 조리해서 먹기도 쉬워요.

❶ 표고버섯은 도톰하게 썰고, 당근은 반으로 잘라 어슷하게 썬다. 양파는 채 썰고, 실파는 4cm 길이로 썬다.

❷ 재래간장과 올리고당, 다진 마늘, 들기름을 골고루 섞어 양념장을 만든다.

❸ 1에 2의 양념장을 넣어 골고루 버무려 재워둔다.

❹ 달군 프라이팬에 3을 넣고 바싹 구워준 후 통깨를 부셔 낸다.

45kcal 우엉 된장무침

우엉의 향과 풋고추의 아삭한 맛이 잘 어우러지는 무침입니다.
풋고추 대신 청양고추를 넣어도 좋고, 된장 대신 간장이나 고추장을 활용해도 됩니다.

재료(2인분)

우엉	70g
풋고추	1/2개
저염 된장	1작은술
고춧가루	1/4작은술

다이어트 TIP

우엉에 함유된 이눌린은 신장의 기능을 향상시켜 이뇨작용을 도와줍니다. 또 식이섬유소가 풍부하고, 올리고당 성분이 대장의 연동작용을 도와 변비를 완화시켜주기도 해요. 우엉은 늦가을부터 초겨울 무렵이 가장 맛이 좋고, 껍질을 완전히 벗겨내지 말고 칼등으로 훑거나 깨끗한 수세미로 문질러 손질하는 것이 좋습니다.

❶ 우엉은 깨끗이 씻어 어슷하게 썬다. 풋고추는 반으로 잘라 송송 썬다.

❷ 우엉을 찜통에 넣고 10분간 찐다.

❸ 우엉에 풋고추와 저염 된장, 고춧가루를 넣고 잘 버무려준다.

현미팥밥과 쑥갓돼지고기찜 밥상

현미팥밥 · 순두부국 · 쑥갓돼지고기찜 · 매콤콩나물 · 톳오이무침

찜통에서 쪄서 칼로리를 낮춘 쑥갓돼지고기찜과 깔끔한 순두부국,
매콤한 콩나물로 개운한 아침을 시작해보세요.

432 kcal
나트륨 896mg

30분 밥상 차리기

순두부국 완성
쑥갓 깔고 돼지고기 올리기
톳오이무침 만들기
매콤콩나물 만들기
돼지고기 양념에 재워 찌기
톳 씻어서 데치기
멸치 육수 내기
모든 재료 씻어서 준비

톳 오이 무침 25kcal

무기질이 풍부한 톳에 비타민이 풍부한 오이를 넣어서 만든 새콤달콤한 톳무침입니다. 톳은 찬물에 담가 짠 맛을 충분히 제거해주세요.

재료(2인분)
- 톳 · 50g
- 오이 · · · · · · · · · · · · · · · · 1/2개(100g)
- 식초 · · · · · · · · · · · · · · · · · 4작은술
- 올리고당 · · · · · · · · · · · · · · · 1작은술
- 통깨 · · · · · · · · · · · · · · · · · · 1작은술

만드는 법
1. 톳은 깨끗이 씻어 찬물에 30분 이상 담가 짠맛을 뺀 후 끓는 물에 데친다.
2. 오이는 깨끗이 씻어 어슷하게 썬다.
3. 분량의 식초, 올리고당을 골고루 섞어 톳과 오이와 함께 골고루 버무린 후 통깨를 부셔 넣는다.

TIP
식초를 사용하면 톳의 비린 맛을 제거하면서 나트륨 함량을 줄일 수 있어요.

순두부국 87kcal

멸치와 다시마로 깔끔하게 육수를 내고 대파를 넣어 달달한 맛을 더한 순두부국입니다. 자극적이지 않은 맛으로 담백하게 즐길 수 있습니다.

재료(2인분)
- 순두부 · · · · · · · · · · · · · · · 1봉(300g)
- 대파 · · · · · · · · · · · · · · · · · · · 10cm
- 재래간장 · · · · · · · · · · · · · · · 2작은술

멸치 육수 재료
- 멸치(국거리용) · · · · · · · · · · · · · 10마리
- 다시마 · · · · · · · · · · · · · · · · · 2조각
- 물 · 2컵

만드는 법
1. 대파는 어슷하게 썰고, 순두부는 체에 밭쳐 물기를 뺀다.
2. 멸치와 다시마, 물을 냄비에 넣고 끓기 시작하면 10분 정도 약한 불에서 끓인다.
3. 대파를 넣고 5분 정도 더 끓인 후 순두부를 넣고 센 불에서 한소끔 끓이고 재래간장으로 간한다.

쑥갓 돼지고기 찜 119kcal

생강으로 누린내를 제거하고 찜통에 쪄내서 칼로리를 낮춘 돼지고기 찜요리예요.
쑥갓의 향긋한 향과 함께 아침에 간단하게 즐기기 좋습니다.

재료(2인분)

쑥갓	80g
돼지고기 앞다릿살 불고깃감	120g
생강	2cm
식초	2작은술
소금	약간
굵은 후춧가루	약간

다이어트 TIP

쑥갓은 옛날부터 위를 따뜻하게 하고, 장을 튼튼하게 하는 채소로 애용되어 왔습니다. 신선한 상태로 생으로 먹는 것이 익혀서 나물로 먹는 것보다 영양가의 손실이 적어요. 특히 고기를 싸먹을 때 상추와 함께 쑥갓을 넣어 먹으면 영양은 더하면서 소화가 잘되는 효과를 볼 수 있습니다.

❶
쑥갓은 깨끗이 씻어 먹기 좋은 크기로 썬다.

❷
생강은 깨끗이 씻어 껍질을 벗기고 강판에 곱게 간 후 소금, 굵은 후춧가루, 돼지고기와 함께 골고루 버무려 양념한다.

❸
양념한 돼지고기를 찜통에 넣고 부드럽게 쪄준다.

❹
쑥갓을 그릇에 담고 그 위에 찜통에 찐 돼지고기를 올린 후 식초를 골고루 뿌려낸다.

55kcal 매콤 콩나물

칼로리와 나트륨 양을 낮춘 매콤한 콩나물 무침입니다.
매운맛을 좋아하면 청양고추와 고춧가루를 더 넣어도 좋아요.

재료(2인분)
- 콩나물 200g
- 소금 약간
- 물 적당량

양념장 재료
- 청양고추 1개
- 파 2cm
- 다진 마늘 1작은술
- 고춧가루 1작은술
- 올리고당 1작은술
- 참기름 1/3작은술

다이어트 TIP

콩나물은 단백질, 비타민, 무기질, 탄수화물 등 몸에 좋은 영양소가 풍부한 건강식품이에요. 게다가 가격까지 저렴해서 밥상의 단골식재료 역할을 톡톡히 해내고 있지요. 콩나물에는 숙취해소에 도움을 주는 아스파라긴과 피부미용에 좋은 비타민 C가 특히 많이 들어 있습니다. 또 식이섬유소도 풍부해서 변비 예방과 장 건강에도 좋은 식품이랍니다.

❶ 청양고추와 파는 모두 곱게 다진 후에 고춧가루와 다진 마늘, 올리고당, 참기름과 함께 골고루 섞어 양념장을 만든다. 파의 녹색 부분은 남겨둔다.

❷ 깨끗이 씻은 콩나물을 냄비에 넣고 물을 1cm 정도 붓고 소금을 넣은 후 뚜껑을 덮고 익힌다. 끓기 시작하면 불을 줄이고 타지 않도록 쪄 익힌다.

❸ 콩나물이 익으면 1의 양념을 넣고 골고루 섞어 뜸을 들인다.

❹ 남은 파를 송송 썰어 넣고 골고루 섞어준다.

현미팥밥과 동태숙주찜 밥상

현미팥밥 · 아욱국 · 동태숙주찜 · 미역무나물 · 얼갈이새우나물

칼로리 부담 없이 먹을 수 있는 담백한 맛의 동태숙주찜으로 차린 밥상이에요.
현미팥밥은 몸에서 독소와 불필요한 성분들을 배출시켜주고 포만감을 느끼게 해줍니다.

301 kcal
나트륨 733mg

30분 밥상 차리기

얼갈이새우나물 무치기
동태에 미나리 올려 뜸 들이기
미역무나물 만들기
아욱국 끓이기
배춧잎과 새우 찜통에 찌기
동태와 채소 찜통에 넣고 찌기
동태숙주찜 양념하기
아욱국 육수 올리기
모든 재료 씻어서 준비
미역 물에 불리기

미역 무 나물 13kcal

식초 맛이 산뜻하고 통깨를 부셔 뿌려서 고소한 맛이 나는 미역 무침입니다.

재료(2인분)
마른 미역 ·················· 4g
무 1cm ···················· 1/2토막
식초 ······················ 1큰술
올리고당 ··················· 약간
통깨 ······················ 1/2작은술

만드는 법
1 마른 미역은 물에 불린 후 물기를 짜고 3cm 길이로 썰고, 무는 깨끗이 씻어 가늘게 채 썬다.
2 식초와 올리고당을 골고루 섞어준 후 1을 넣고 버무린다.
3 통깨를 부셔 뿌려준다.

TIP
무는 되도록 곱게 채를 썰어야 간이 잘 배고 씹히는 맛이 부드럽습니다. 취향에 따라 고춧가루를 약간 넣어줘도 좋아요.

얼갈이 새우 나물 34kcal

아삭한 배추와 탱글탱글한 새우의 맛이 잘 어우러지는 나물이에요. 새우의 짠맛으로도 간이 충분해서 저염식 반찬으로 안성맞춤입니다.

재료(2인분)
얼갈이 배추잎 ················ 8장
칵테일새우 ·················· 4개
다진 마늘 ··················· 1/2작은술
참기름 ····················· 1/2작은술
실파 ······················ 약간

만드는 법
1 얼갈이 배추잎은 깨끗이 씻어 송송 썰고, 칵테일새우는 굵게 다진다. 실파는 송송 썬다.
2 얼갈이 배추잎과 새우, 다진 마늘을 잘 버무린 다음 찜통에 넣어 5분 정도 찐다.
3 먹기 전에 참기름과 실파를 넣고 다시 한번 골고루 버무린다.

아욱 국 33kcal

건표고버섯과 다시마로 맛을 낸 감칠맛이 도는 아욱국입니다.
볶은 콩가루를 넣은 저염 된장으로 간을 하면 나트륨 섭취를 줄일 수 있어요.

재료(2인분)

아욱잎 · 8장
저염 된장 · · · · · · · · · · · · · · · · · 1큰술

육수 재료
건표고버섯 · · · · · · · · · · · · · · · · 4개
다시마 · · · · · · · · · · · · · · · · · · · 1장
물 · 2컵

다이어트 TIP

집에 있는 된장에 볶은 콩가루를 일대 일 비율로 섞어주면 손쉽게 저염 된장을 만들 수 있어요. 콩가루에 물을 부어 되직하게 섞은 후 집에서 쓰는 된장을 넣어가며 적당하게 농도를 맞춰주기만 하면 됩니다. 한번에 많이 만들어서 밀폐용기에 담아두면 필요할 때마다 꺼내 사용하기 편리해요.

❶ 냄비에 물 2컵을 붓고 건표고버섯과 다시마를 넣고 육수를 낸다.

❷ 아욱은 줄기부분을 꺾어 얇은 막을 벗겨낸다.

❸ 아욱을 잘 문질러가면서 씻은 다음 물기를 꼭 짜준다.

❹ 육수에 저염 된장을 풀어준 후 아욱을 넣고 푹 익도록 10분 정도 끓인다.

동태 숙주 찜 `75kcal`

칼로리 부담 없이 먹을 수 있는 가볍고 담백한 맛의 동태찜이에요.
미나리 향이 은은하게 배어 있어 더욱 맛이 좋습니다.

재료(2인분)
- 동태 7cm ·········· 2토막
- 숙주 ············· 100g
- 미나리 ············ 40g
- 양파 중간 크기 ······ 1/4개

양념장 재료
- 다진 마늘 ········ 1작은술
- 고춧가루 ········· 1작은술
- 올리고당 ········· 1작은술
- 재래간장 ········· 1작은술
- 물 ············· 1/4컵

다이어트 TIP
찌는 방법으로 요리를 하면 데칠 때보다 물로 빠져나가는 영양소를 줄일 수 있고, 재료 고유의 맛도 살릴 수 있어요. 특히 다이어트할 때는 동태나 고등어 등의 생선을 기름에 굽는 대신 각종 채소와 함께 쪄서 조리하면 맛도 훨씬 담백하고 칼로리도 낮출 수 있답니다. 너무 센 불에서 찌면 재료가 수축하면서 딱딱해지므로 중간 정도의 불에서 서서히 찌도록 하세요.

❶ 동태는 깨끗이 씻어주고, 숙주는 깨끗이 씻어 다듬는다. 미나리는 5cm 길이로 썰고, 양파는 채 썬다.

❷ 다진 마늘에 분량의 고춧가루, 올리고당, 재래간장, 물을 넣고 골고루 섞어 양념장을 만든다.

❸ 숙주, 양파, 동태와 양념장을 골고루 섞어준다.

❹ 찜용 그릇에 3을 넣고 찜통에서 15분간 찐 후 동태가 익으면 미나리를 올리고 뜸을 들인다.

현미밥과 두부김치찜 밥상

현미밥 · 미역국 · 두부김치찜 · 가지들깨나물 · 오이양배추겉절이

양념을 씻어낸 김치를 두부와 함께 쪄낸 두부김치찜과
새우의 달달한 맛이 좋은 개운한 미역국을 곁들인 아침 밥상입니다.

366 kcal

나트륨 788mg

30분 밥상 차리기

미역 불리기 　 모든 재료 씻어서 준비 　 가지 찜통에서 찌기 　 미역국 재료 볶다가 물 붓기 　 가지들깨나물 양념장 만들기
김치 씻어서 양념하기 　 두부 위에 김치 올려 찜통에 찌기 　 오이양배추겉절이 완성 　 가지들깨나물 완성 　 미역국 간하기

미역국 36kcal

감칠맛을 더해주는 잔새우로 육수를 낸 미역국입니다. 새우의 달달한 맛이 미역과 잘 어울려요. 들기름을 빼면 더 담백하게 즐길 수 있습니다.

재료(2인분)

마른 미역	6g
말린 잔새우	3큰술
재래간장	1작은술
들기름	1작은술
물	2컵

만드는 법

1. 미역은 불리고, 잔새우는 한번 헹궈준다.
2. 달군 냄비에 들기름을 두르고 불린 미역과 잔새우를 넣고 약한 불에서 볶아준다.
3. 미역이 파랗게 되면 물을 붓고 끓인다.
4. 끓기 시작하면 은근한 불에서 10분간 더 끓인 후 재래간장으로 간을 한다.

오이양배추겉절이 25kcal

소금을 사용하지 않고 식초와 후춧가루로만 간을 한 겉절이입니다. 보통 겉절이보다 식초를 약간 더 넣어 새콤한 맛으로 즐기는 것이 좋아요.

재료(2인분)

양배추잎	2장(60g)
오이	8cm(80g)
설탕	1/3작은술
식초	4작은술
통깨	1작은술
굵은 후춧가루	1/4작은술

만드는 법

1. 오이는 반으로 갈라 어슷하게 썰고, 양배추도 오이와 비슷한 크기로 썬다.
2. 설탕과 식초를 골고루 섞은 후 1을 넣고 간이 배도록 잘 무쳐준다.
3. 굵은 후춧가루와 통깨를 부셔서 뿌려준다.

TIP

양배추가 숨이 살짝 죽은 후에 오이를 넣어 버무려야 나중에 오이 색이 변하지 않아 보기에 좋아요.

두부 김치 찜 97kcal

김치의 양념을 씻어내 나트륨 양을 줄인 김치찜입니다.
두부와 함께 먹으면 단백질도 섭취할 수 있고 맵지 않아서 아침에 먹기 좋아요.

재료(2인분)

김치	1쪽(40g)
두부 작은 크기	1모(200g)
참기름	1/2작은술
통깨	1작은술
파	약간

다이어트

김치는 배추를 소금에 절이는 과정 때문에 염분량이 많아지고, 배추 자체보다는 양념 때문에 칼로리가 높아집니다. 김치를 먹을 때 양념을 한번 걸어내거나 잘게 썰어 조금씩 먹으면 칼로리와 나트륨 양을 낮출 수 있어요. 또 다이어트할 때는 절인 김치보다는 알배기 같은 배추를 살짝 버무려 즉석에서 먹는 겉절이가 좋습니다.

❶ 두부는 1cm 폭으로 납작하게 썰고, 파는 곱게 다진다.

❷ 김치는 양념을 털어내고 깨끗이 씻어 물기를 꼭 짠 다음 곱게 채 썬다. 다진 파와 참기름을 넣어 골고루 섞어준다.

❸ 찜통에 두부와 양념한 김치를 올린 후 10분간 찐다. 위에 통깨를 부셔 뿌려낸다.

55kcal 가지들깨나물

칼로리 걱정 없이 먹을 수 있는 고소한 들깨 향이 가득한 가지나물입니다.
다이어트할 때는 들깨처럼 식물성 불포화지방산이 함유되어 있는 식품을 섭취하면 좋아요.

재료(2인분)
가지 ················ 2/3개(140g)

양념장 재료
풋고추 ················ 1개
홍고추 ················ 1개
재래간장 ············· 1작은술
들기름 ··············· 1작은술
들깻가루 ············· 2작은술

다이어트 TIP
무침요리를 할 때 채소를 양념장에 버무리는 대신 양념장을 살짝 올려서 먹도록 하세요. 이렇게 하면 적은 양으로도 간을 맞출 수 있어 칼로리는 낮추고 나트륨 섭취를 줄일 수 있답니다.

❶ 가지는 깨끗이 씻어 5cm 길이로 잘라 4등분한다.

❷ 청홍고추는 곱게 다진 다음 재래 간장, 들깻가루, 들기름과 함께 골고루 섞어준다.

❸ 어슷 썬 가지를 찜통에 넣어 10분간 찐 다음 가지 위에 2의 양념장을 뿌려낸다.

현미밥과 닭가슴살시금치찜 밥상

현미밥 · 김국 · 닭가슴살시금치찜 · 달걀양파말이 · 돌나물도토리묵무침

식이섬유소가 풍부한 시금치와 닭가슴살을 함께 찐 닭가슴살시금치찜과 칼로리를 줄인 촉촉한 달걀양파말이를 곁들인 밥상입니다. 김국은 칼로리가 거의 없는 고단백질 식품으로 다이어트할 때 부족한 단백질을 보충할 수 있어요.

569 kcal
나트륨 909mg

30분 밥상 차리기

모든 재료 씻어서 준비
멸치 육수 내기
닭가슴살 양념해서 찌기
도토리묵무침 양념장 만들기
달걀양파말이 완성
김국에 김 넣기
시금치 찜기에 넣기
돌나물도토리묵무침 완성

김 국 35kcal

김 특유의 감칠맛이 있어 다른 재료를 더하지 않아도 풍미가 좋은 국입니다.

재료(2인분)
김	2장
대파	약간
재래간장	1/2작은술
소금	약간

육수 재료
멸치(국거리용)	10마리
다시마	2장
물	2컵

만드는 법
1. 냄비에 물 2컵을 붓고 멸치와 다시마를 넣고 육수를 낸다.
2. 대파는 송송 썰고, 김은 8등분한다.
3. 1에 대파와 김을 넣고 5분간 더 끓인 후 재래간장과 소금으로 간을 한다.

TIP 김은 너무 풀어지지 않도록 맛이 우러나올 정도로만 끓여주는 것이 좋아요.

돌 나 물 도 토 리 묵 무 침 49kcal

돌나물은 보통 새콤달콤한 초고추장에 무쳐 먹지만, 따로 양념장을 곁들여 찍어 먹으면 칼로리를 줄일 수 있어요.

재료(2인분)
돌나물	한 줌(80g)
도토리묵	160g

양념장 재료
고추장	1/2작은술
식초	1작은술
올리고당	1작은술
물	1큰술

만드는 법
1. 고추장과 식초, 올리고당, 물을 잘 섞는다.
2. 돌나물은 깨끗이 씻어 체에 밭쳐 물기를 뺀 다음 그릇에 담는다.
3. 돌나물 위에 도토리묵을 올리고 양념장을 곁들인다.

TIP 도토리묵이 딱딱해졌으면 끓는 물에 살짝 데쳐 사용하면 됩니다.

닭가슴살 시금치찜 195kcal

하얀 닭가슴살과 녹색 시금치의 색의 조화가 입맛을 돋워주는 요리예요.
시금치는 식이섬유소와 빈혈을 예방해주는 철분과 엽산이 풍부합니다.

재료(2인분)

닭가슴살 ··············· 1.5쪽(150g)
시금치 ··················· 6대(80g)
마늘 ······················· 2개
굵은 후춧가루 ············ 1/4작은술
재래간장 ·················· 1/4작은술
소금 ······················· 약간

다이어트 TIP

닭가슴살은 닭고기에서 지방이 가장 적은 부위로 다이어트할 때 애용되는 식품 가운데 하나예요. 특히 섬유질이 가늘고 연해서 소화흡수에 좋고, 포만감을 오랫동안 지속시킬 수 있답니다. 닭가슴살만 먹기보다는 다양한 채소와 함께 섭취해야 영양의 균형이 잡힌 식단을 만들 수 있어요.

❶ 시금치는 깨끗이 씻어 길이로 반을 썬다.

❷ 닭가슴살은 반으로 갈라 포를 뜬다.

❸ 곱게 다진 마늘을 소금과 굵은 후춧가루와 함께 골고루 섞은 다음, 닭가슴살을 10분간 재워둔다.

❹ 찜통에 닭가슴살을 넣고 15분간 찐 다음 시금치를 넣고 5분간 더 찐다. 시금치는 접시에 올리기 전에 재래간장으로 살짝 버무린다.

137kcal 달걀 양파 말이

양파와 실파를 넣어 아삭하게 씹히는 맛이 좋은 촉촉한 달걀말이입니다.
실리콘 붓으로 기름을 얇게 펴발라주면 칼로리 부담 없이 먹을 수 있어요.

재료(2인분)

달걀	2개
양파	1개
실파	2대
재래간장	1/4작은술
올리브유	1작은술

다이어트 Tip

부침이나 볶음요리를 할 때는 기름을 직접 팬에 두르지 말고 키친타월에 적셔 팬 바닥에 얇게 바르거나 실리콘 붓을 이용해 얇게 펴 바르면 기름의 양을 줄일 수 있어요. 또 볶음요리를 할 때는 물을 2큰술 정도 넣고 재료를 볶은 다음, 기름을 몇 방울 떨어뜨려 맛을 내도 됩니다. 생선을 구울 때는 프라이팬보다는 오븐을 사용하면 기름이 쫙 빠진 담백한 맛을 낼 수 있어요.

❶ 양파는 곱게 다지고, 실파는 송송 썬다.

❷ 달걀을 곱게 푼 후 재래간장으로 간을 하고 양파와 실파를 넣고 골고루 섞어준다.

❸ 달군 팬에 실리콘 붓이나 키친타월로 기름을 살짝 발라준다.

❹ 약한 불에서 달걀 물을 붓고 한쪽 면이 익으면 돌돌 말아준다.

현미율무밥과 버섯소스연두부 밥상

현미율무밥 · 가지냉국 · 버섯소스연두부 · 죽순나물 · 깻잎겉절이

두부 중에서도 가장 칼로리가 낮은 연두부를 이용한 버섯소스연두부 밥상입니다.
현미율무밥은 몸이 잘 붓거나 변비로 고생하는 사람에게 좋아요.

357 kcal
나트륨 525mg

30분 밥상 차리기

모든 재료 씻어서 준비 ▶ 가지 찜통에 찌기 ▶ 죽순 데치고 찬물에 파 담그기 ▶ 깻잎겉절이와 가지냉국 양념장 만들기 ▶ 가지 양념장에 버무리기 ▶ 버섯소스연두부 만들기 ▶ 죽순나물 만들기 ▶ 깻잎겉절이 무치기 ▶ 가지냉국에 얼음물 붓기

깻잎겉절이 32kcal

향긋한 향이 좋은 깻잎은 칼슘과 칼륨 등의 무기질과 식이섬유소가 풍부해서 포만감을 주는 재료입니다. 깻잎 외에 참나물, 미나리, 부추 같은 향이 강한 재료들을 사용해도 좋아요.

재료(2인분)
깻잎순 · 40g

양념장 재료
고춧가루 · · · · · · · · · · · · · · · · · · 2작은술
식초 · 4작은술
올리고당 · · · · · · · · · · · · · · · · · · 1작은술
통깨 · 1작은술

만드는 법
1. 깻잎순은 깨끗이 씻어 먹기 좋은 크기로 뜯는다.
2. 분량의 고춧가루, 식초, 올리고당을 골고루 섞은 후 통깨를 부셔 넣는다.
3. 먹기 직전에 깻잎순과 함께 2의 양념을 골고루 버무려낸다.

TIP 금방 숨이 죽으므로 양념장은 먹기 직전에 뿌리는 것이 좋아요.

죽순나물 19kcal

아삭한 죽순의 은은한 향이 간장과 잘 어우러진 나물입니다. 파와 마늘을 함께 곁들여보세요.

재료(2인분)
통조림 죽순 · · · · · · · · · · · · · · · · 200g
파 · 10cm
다진 마늘 · · · · · · · · · · · · · · · · · 1작은술
재래간장 · · · · · · · · · · · · · · · · · · 1작은술
쌀뜨물 · 적당량

만드는 법
1. 죽순은 먹기 좋은 크기로 얄팍하게 썬 후 쌀뜨물에 넣어 한 번 데친다.
2. 파는 5cm 길이로 썰어 얇게 채 썬 다음 찬물에 담가 매운맛을 뺀다.
3. 다진 마늘과 재래간장을 섞은 후 죽순과 함께 골고루 버무린다.
4. 파채를 위에 올려낸다.

TIP 죽순을 쌀뜨물에 담가두면 특유의 아린 맛이 없어지고 한결 더 부드러워집니다.

버섯소스 연두부 126kcal

두부 중에서도 가장 칼로리가 낮은 연두부와 식이섬유소가 풍부한 표고버섯을
함께 섭취할 수 있는 저칼로리 메뉴입니다. 간단하게 만들어서 덮밥으로 활용해도 좋아요.

재료(2인분)

연두부	1팩(200g)
표고버섯	10개(200g)
양파	1/4개(40g)
풋고추	2개
홍고추	1개
들기름	1작은술
재래간장	1작은술
물	약간

다이어트 TIP

연두부는 일반 두부보다 더 무르고 순두부보다는 더 굳게 만든 두부로 100g당 41kcal로 두부 중에서 가장 칼로리가 낮아요. 또 지방이 적고 단백질이 풍부한데다 부드러운 식감을 가지고 있어서 소화가 잘 됩니다. 다이어트할 때 자주 이용해 요리해 먹으면 좋아요.

❶ 표고버섯은 깨끗이 씻어 밑동의 단단한 부분은 제거하고 먹기좋은 크기로 썬다. 양파와 청홍 고추는 가늘게 채 썬다.

❷ 달군 팬에 물과 들기름을 두른 후 버섯과 양파를 넣고 볶아준다.

❸ 버섯과 양파가 숨이 죽으면 청홍고추를 넣고 재래간장으로 간을 한 뒤 볶아준다. 볶은 버섯을 그릇에 담고 연두부를 도톰하게 잘라 올린다.

19kcal 가지냉국

가지의 달달한 맛과 풋고추의 알싸함이 잘 어우러지는 별미 냉국입니다.
가지는 몸을 차게 만드는 성질이 있어 여름철에 시원하게 냉국으로 해먹으면 좋아요.

재료(2인분)
- 가지 ······ 1개(100g)
- 물 ······ 1컵
- 얼음 ······ 1컵
- 소금 ······ 약간

양념장 재료
- 풋고추 ······ 2개
- 파 ······ 5cm
- 식초 ······ 4작은술
- 참깨 ······ 1작은술

다이어트 팁
가지는 칼로리가 낮고 수분이 94%나 되는 착한 다이어트 식품이에요. 각종 제철 채소와 함께 볶아먹거나 여름에 시원한 냉국으로 해먹는 등 다양하게 요리해서 자주 먹으면 좋습니다. 무침으로 먹을 때는 버무리는 대신 양념장을 올려내면 나트륨 섭취를 줄일 수 있어요.

❶ 가지는 깨끗이 씻은 후 반으로 갈라 어슷하게 썬 다음 찜통에 10분간 찐다.

❷ 풋고추와 파는 모두 곱게 다진 후 식초와 참깨를 넣고 골고루 섞어준다.

❸ 찐 가지와 2의 양념을 골고루 섞어 맛이 배도록 5분 정도 버무려 준비한다.

❹ 3에 얼음과 물을 넣고 골고루 섞은 후 소금간을 한다.

오트밀과일시리얼

바삭하게 씹히는 오트밀과 아삭한 사과의 맛이 잘 어우러지는 시리얼입니다. 간단한 한 끼로 영양소를 고루 얻을 수 있어 좋아요. 호두를 넣어 몸에 좋은 오메가3 지방산도 섭취할 수 있답니다.

302 kcal

나트륨 122mg

재료(2인분)

- 오트밀 ·············· 1/3컵
- 호두 ················ 8알
- 조청 ················ 2작은술
- 해바라기유 ·········· 1작은술
- 저지방 우유 ········· 2컵
- 사과 ················ 2/3개

TIP

약하게 달군 팬에 종이 포일을 깐 후 시리얼을 넣고 뚜껑을 덮어 앞뒤를 노릇하게 구워줘도 됩니다.
사과 대신 감, 복숭아, 파인애플 등 다양한 제철과일을 활용해보세요.

오트밀과 호두는 프라이팬에서 노릇하게 볶아준다.

조청과 해바라기유를 전자레인지에 넣어 10초간 돌린 후 1에 부어 골고루 섞어준다.

2를 종이 포일을 깐 팬에 부어 넓고 얇게 깔고, 160도 오븐에서 20분간 구워준 후 먹기 좋은 크기로 부순다.

납작하게 편 썬 사과를 오트밀 시리얼과 함께 담은 후 저지방 우유를 부어 먹는다.

단호박 잡곡 수프

다이어트에 좋은 달콤한 단호박에 우유의 고소함을 더한 수프예요.
간을 살짝만 해도 맛있게 먹을 수 있고, 현미밥이 들어가서 든든한 한 끼 식사로 충분합니다.

172
kcal

나트륨
202mg

재료(2인분)

단호박 ·············· 2/5개(400g)
저지방 우유 ·············· 1컵
현미밥 ·············· 1/2공기(100g)
소금 ·············· 약간
물 ·············· 적당량

TIP
단호박은 삶는 대신 찜통에 넣고 쪄내도 좋아요. 찜통에 찌면 영양소 손실도 적고 맛도 더욱 진해집니다.
소금은 각자 취향에 맞게 넣어주세요.

단호박은 깨끗이 씻어 씨를 숟가락으로 파낸 후 깍둑썰기한다.

단호박을 냄비에 넣고 타지 않게 물을 자작하게 부은 후 10분간 삶아준다.

단호박이 익으면 저지방 우유를 붓고 한소끔 끓인다.

현미밥과 소금을 넣고 숟가락으로 으깨가면서 골고루 섞어준다.

감 자 수 프

감자에는 나트륨의 12배나 되는 칼륨이 들어 있어서 짠 음식을 좋아하는 한국인들의 식성에 더없이 좋은 식품입니다.
따로 간을 하지 말고 굵은 후춧가루로 향미를 더해보세요.

106 kcal

나트륨 63mg

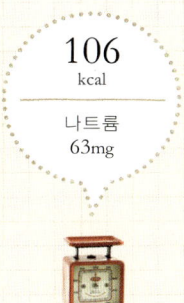

재료(2인분)

감자 · · · · · · · · · · · · · · · · · 2개(200g)
저지방 우유 · · · · · · · · · · · · · · · · 1컵
물 · 1컵
굵은 후춧가루 · · · · · · · · · · · · · · 약간
파슬리가루 · · · · · · · · · · · · · · · · 약간

TIP 감자는 곱게 채 썰어야 빨리 익고 주걱으로 살살만 눌러도 잘 으깨집니다.

감자는 깨끗이 씻어 껍질을 벗긴 후 가늘게 채 썬다. | 감자에 물을 붓고, 끓기 시작하면 약한 불에서 뚜껑을 덮고 익힌다. | 감자가 어느 정도 익으면 저지방 우유 1컵을 넣고 주걱으로 잘 저어준다. | 감자를 주걱으로 으깨가면서 한소끔 끓인 후 먹기 전에 후춧가루와 파슬리가루를 뿌려낸다.

토마토스크램블에그

달걀과 채소가 듬뿍 들어 있어 포만감을 주면서도 산뜻하게 즐길 수 있는 스크램블에그입니다.
토마토를 익히거나 올리브유에 볶으면 항암, 항산화 성분인 리코펜의 흡수율이 월등히 높아지는 효과를 볼 수 있어요.

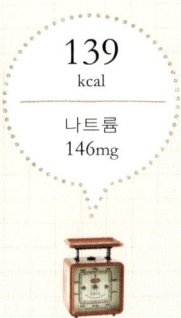

139 kcal

나트륨 146mg

재료(2인분)

토마토	2개(300g)
부추	10g
달걀	2개
양파	1/4개
올리브유	1작은술
소금	약간
굵은 후춧가루	약간
물	약간

TIP 토마토와 부추는 모양이 흐트러지지 않고 씹히는 질감이 살아 있도록 살짝만 볶아주세요.

1. 토마토는 깨끗이 씻어 꼭지를 제거한 후 웨지모양으로 썬다. 부추는 깨끗이 씻어 4cm 길이로 썰고, 양파도 채 썬다.

2. 달걀에 소금을 약간 넣어 곱게 풀어준다.

3. 프라이팬에 양파와 물을 넣고 볶다가 양파가 반쯤 투명해지면 올리브유와 달걀을 넣고 익힌다. 달걀이 반 정도 익으면 젓가락으로 몽글몽글하게 덩어리가 지도록 저어준다.

4. 3에 토마토와 부추를 넣고 볶은 다음 소금과 굵은 후춧가루를 뿌린 후 잘 섞어서 그릇에 담아낸다.

견과류 죽

각종 견과류를 듬뿍 넣어 씹히는 맛이 좋은 고소한 영양 죽입니다. 보통 다이어트할 때 지방이 결핍되기 쉬운데 견과류를 이용하면 몸에 좋은 불포화지방산으로 적당하게 지방을 섭취할 수 있어요.

230 kcal

나트륨 196mg

재료(2인분)

- 해바라기 씨 ·············· 4작은술
- 호두 ·············· 6개(20g)
- 땅콩 ·············· 30알
- 현미밥 ·············· 1/2공기(100g)
- 물 ·············· 3컵
- 소금 ·············· 약간

TIP 견과류를 노릇하게 볶아주면 고소한 맛이 더 강해집니다.
아몬드와 피스타치오 등 다양한 견과류를 활용해 만들어보세요.

| 달군 냄비에 해바라기 씨와 호두, 땅콩을 넣고 노릇하게 볶아준다. | 견과류가 노릇해지면 현미밥과 분량의 물을 넣고 끓인다. | 20분 정도 끓여 밥알이 퍼지면 핸드 블렌더로 곱게 갈아준다. | 먹기 전에 소금으로 살짝 간을 해준다. |

닭가슴살 시금치죽

퍽퍽한 닭가슴살을 맛있게 먹을 수 있는 별미죽입니다.
다이어트를 하다보면 먹는 양이 줄어서 변비에 걸리기 쉬운데
이럴 때 식이섬유소가 많은 시금치 같은 채소를 먹으면 좋아요.

재료(2인분)

닭가슴살	1개(120g)
시금치	7포기(80g)
양파	1/4개(40g)
다진 마늘	1작은술
현미밥	1/2공기(100g)
소금	1/8작은술
물	3컵

현미는 백미에 비해 단단하고 퍼지는 속도가 느려서 국물이 좀더 자박한 느낌의 죽이 완성됩니다.
퍽퍽하지 않게 촉촉한 느낌이 살아 있도록 조리하는 것이 포인트예요.

시금치는 1cm 폭으로 채 썰고, 닭가슴살과 양파는 사방 1cm 크기로 다진다.

달군 냄비에 닭가슴살과 양파, 다진 마늘, 물 4큰술을 넣는다. 닭가슴살의 겉이 익고 양파가 반쯤 투명해질 때까지 약한 불에서 볶아준다.

2에 나머지 분량의 물과 현미밥을 넣고, 끓기 시작하면 불을 약하게 줄이고 뚜껑을 살짝 덮은 다음 은근한 불에서 끓여준다.

20분 정도 끓여 현미밥이 퍼지면 시금치를 넣고 한소끔 더 끓인 후 소금으로 간을 한다.

오이두부스프레드와 곡물빵

바로 만들어 신선하게 즐기는 스프레드로 영양 밸런스가 훌륭한 요리입니다.
오이는 칼로리가 낮고 수분이 풍부해서 다이어트할 때 부족하기 쉬운 수분을 보충하기에 좋아요.
정백 밀가루로 만든 빵 대신 통곡물빵을 선택해서 칼로리도 낮추고 영양 균형도 맞춰보세요.

229 kcal

나트륨 339mg

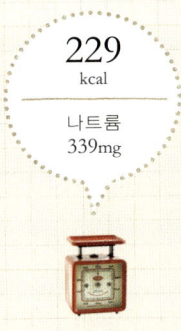

재료(2인분)

곡물빵	2개(120g)
오이	1/2개(100g)
두부	100g
양파 중간 크기	1/4개
올리고당	1큰술
식초	1큰술
굵은 후춧가루	1/2작은술

TIP
오이 대신 씹히는 맛이 좋은 파프리카나 피망을 활용해도 좋습니다.
빵은 식이섬유소와 미네랄이 풍부한 곡물빵으로 선택하세요.

오이는 씨를 제거하고 곱게 다진다. 양파는 곱게 다져 찬물에 담가 매운맛을 뺀 후 물기를 꼭 짠다.

두부는 키친타월로 물기를 제거한 후 칼로 곱게 으깬 다음 다시 키친타월로 눌러 물기를 꼭 짜낸다.

다진 오이, 양파, 두부, 올리고당, 식초, 후춧가루를 골고루 섞어준 후 곡물빵과 곁들여낸다.

버섯들깨죽

두 가지 버섯의 감칠맛과 들깻가루의 향이 고소한 영양 죽입니다. 현미밥을 넣어 한 끼 식사로도 든든하고, 꼭꼭 씹을수록 버섯에서 감칠맛이 우러나와 따로 간을 하지 않아도 맛있게 먹을 수 있어요.

218 kcal

나트륨 3mg

재료(2인분)

- 건표고버섯 ·············· 12개(8g)
- 맛타리버섯 ·············· 80g
- 들깻가루 ·················· 2큰술
- 현미밥 ················ 1/2공기(100g)
- 들기름 ···················· 1큰술
- 물 ························· 3컵
- 실파 ······················· 약간

들깻가루는 미리 넣으면 막이 생기면서 끓어 넘칩니다.
맛과 영양 성분이 빠져나가지 않도록 마지막에 넣어주세요.

달군 냄비에 들기름을 살짝 두른 다음 표고버섯을 넣고 볶는다.

표고버섯이 노릇해지면 맛타리버섯과 현미밥, 물 1/4컵을 넣고 맛타리버섯이 익을 때까지 볶아준다.

맛타리버섯이 익으면 나머지 분량의 물을 넣은 후 뚜껑을 살짝 덮고 밥이 퍼지도록 20분 정도 끓여준다.

밥알이 적당히 퍼지면 들깻가루를 넣고 한소끔 더 끓인 후 그릇에 담아낸다. 먹기 전에 송송 썬 실파를 뿌려낸다.

콩팥죽

팥은 우리 몸 안의 불필요한 수분을 배출시키는 이뇨작용이 탁월해서 쉽게 붓거나 살이 찌는 사람에게 좋은 식품이에요.
다른 음식에 비해서 포만감이 크기 때문에 과식을 방지하는 효과도 있답니다.

323
kcal

나트륨
197mg

재료(2인분)

콩	80g
팥	80g
설탕	2큰술
소금	1/4작은술
물	적당량

압력솥이 없을 때는 콩과 팥을 하룻밤 동안 충분히 불린 후에 냄비에 넣고 삶아줍니다.
넉넉하게 물을 붓고 손으로 눌러서 잘 으깨질 때까지 삶아주세요.
그런 다음 냉장고에 보관했다가 아침에 다시 한번 끓여서 갈아주면 됩니다.

·　　　　　　　　··　　　　　　　　···

콩과 팥은 미리 깨끗이 씻어 하룻밤 동안 충분히 불려둔다.

불린 콩과 팥을 압력솥에 넣은 후 3배 분량의 물을 넣고 익힌다. 추가 돌아가면 약한 불에서 10분 정도 더 익힌다.

뜸을 들인 후 꺼내서 핸드블렌더로 곱게 간 후 소금과 설탕으로 간한다.

우엉버섯수프

우엉과 버섯의 감칠맛이 우유의 부드럽고 고소한 맛과 잘 어우러지는 수프입니다.
씹히는 질감이 살아 있어 한 그릇으로도 충분히 포만감을 느낄 수 있어요.

재료(2인분)

우엉 · 2대(150g)
건표고버섯 · · · · · · · · · · · · · · · 12개(8g)
참기름 · 2작은술
저지방 우유 · · · · · · · · · · · · · · · · · · 1컵
소금 · 1/4작은술

우엉은 부드러운 수세미로 문질러 씻으면 손쉽게 손질할 수 있어요.
영양성분이 빠져나가지 않도록 물에 담그지 말고 손질하여 바로 사용하는 것이 좋습니다.

우엉은 껍질째 깨끗이 씻은 후 곱게 채 썬다.

냄비에 참기름을 살짝 두르고 표고버섯을 넣고 노릇하게 볶아준다.

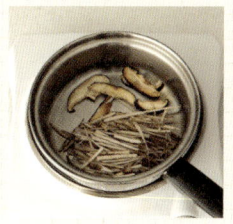

표고버섯이 노릇해지면 우엉을 넣고 다시 한번 볶아준다.

우엉이 부드러워지면 저지방 우유를 넣고 한소끔 끓인 후 핸드 블렌더로 곱게 갈고 소금간을 한다.

맛 은 그 대 로 칼 로 리 만 반 으 로
점심 밥상 20세트

다이어트를 하다보면 '한 끼 정도는 맘껏 먹어도 되겠지'라는 생각에 점심에 칼로리가 높은 음식을 찾거나 과식을 하는 경우가 많아요. 그런데 하루 세끼 가운데 점심 식사의 양만 잘 조절해도 별다른 배고픔 없이 상당한 다이어트 효과를 볼 수 있답니다. 평소와 달리 점심을 조금 가볍게 먹어도 저녁이나 다음날 아침에 우리 몸이 더 먹고 싶다는 신호를 보내지 않기 때문이에요. 이렇게 점심에 줄인 칼로리는 그대로 몸에 반영되고 체중이 줄게 되는 것이지요.

그렇다고 스파게티, 피자 같은 평소 좋아하는 맛있는 음식들을 모두 포기할 순 없겠죠? 너무 맛있지만 칼로리가 높아 주저하게 되는 외식 메뉴의 칼로리를 반으로 확 줄여보았어요. 이제 무거운 외식 메뉴 대신 알뜰한 저칼로리 도시락과 손수 차린 가벼운 밥상으로 건강까지 챙겨보세요.

현미밥과 소고기육개장 도시락

현미밥 · 소고기육개장 · 더덕구이 · 오이부추소박이 · 양배추볶음

고사리, 숙주 등의 채소를 듬뿍 넣어 칼로리를 낮춘 소고기육개장과
식이섬유소가 풍부한 더덕구이로 저칼로리 도시락을 준비해보세요.
간단하게 영양 가득한 도시락을 차릴 수 있답니다.

398 kcal

나트륨 487mg

🍱 30분 밥상 차리기

육개장 간하기
양배추 볶아서 완성
더덕 굽고 검은깨 뿌리기
채소 넣고 육개장 끓이기
삶은 소고기 잘게 찢기
오이부추소박이 버무리기
더덕 밑간하기
소고기 육수 올리기
모든 재료 씻어서 준비

오이부추소박이 `25kcal`

생채처럼 즉석에서 해먹는 오이소박이입니다. 향긋한 부추와 아삭한 오이의 맛이 어울려 시원해요.

재료(2인분)
- 오이 · · · · · · · · · · · · · · · · · 1개(200g)
- 고춧가루 · · · · · · · · · · · · · · · 1작은술

양념장 재료
- 양파 · · · · · · · · · · · · · · · · · 1/8개(20g)
- 부추 · 40g
- 올리고당 · · · · · · · · · · · · · · · 1/2작은술
- 재래간장 · · · · · · · · · · · · · · · 1/2작은술

만드는 법
1. 오이는 4cm 길이로 썰어 4등분한 후 고춧가루에 골고루 버무려 준비한다.
2. 양파는 곱게 채 썰어 반을 자르고, 부추도 같은 크기로 썬다.
3. 2에 올리고당과 재래간장을 섞어서 양념장을 만든다.
4. 오이에 3의 양념장을 넣고 골고루 섞어준다.

양배추볶음 `18kcal`

달콤한 양배추의 아삭하게 씹히는 맛이 좋은 볶음입니다. 프라이팬에 물을 두르고 볶으면 삶는 것보다 더 진한 맛을 느낄 수 있어요.

재료(2인분)
- 양배추잎 · · · · · · · · · · · · · · · 4장(120g)
- 소금 · 약간
- 물 · 약간

만드는 법
1. 양배추잎은 깨끗이 씻어 0.5cm 폭으로 썬다.
2. 달군 팬에 물을 두른 후 양배추를 넣고 투명해질 때까지 볶는다.
3. 양배추가 투명해지면 소금을 넣고 골고루 섞어준다.

TIP
양배추 특유의 달달한 맛이 좋으므로 소금을 넣는 대신 굵은 후춧가루로 향을 내도 좋아요.

소고기 육개장 180kcal

진하게 끓인 소고기 육수에 채소를 듬뿍 넣어 포만감은 높이고 칼로리는 낮춘 육개장입니다.
고추기름 대신 고춧가루와 다진 마늘을 함께 볶아 향을 내면 기름의 양은 줄이면서 칼칼한 맛을 낼 수 있어요.

재료(2인분)

소고기 양지머리	100g
대파 뿌리	1개분
고사리	50g
숙주	100g
대파	15cm
고춧가루	1/2작은술
다진 마늘	1작은술
재래간장	1작은술
올리브유	1큰술
후춧가루	약간
물	3컵

다이어트 TIP

찌개를 끓일 때는 국물과 양념의 양을 줄여야 나트륨 섭취를 줄일 수 있어요. 육수를 충분히 우려낸 후 간을 하면 간을 적게 해도 깊은 맛이 납니다. 또 소금이 많이 들어간 국물보다는 건더기 위주로 풍족하게 준비하는 것이 좋고, 먹을 때도 국물을 떠먹기 보다는 건더기를 건져먹는 것이 좋아요.

❶ 냄비에 물 3컵과 소고기, 대파 뿌리를 넣고 30분 이상 끓여 육수를 낸다.

❷ 육수가 어느 정도 우러나면 고기를 건져 가늘게 찢는다. 대파는 어슷하게 썰고, 고사리는 4cm 길이로 썬다.

❸ 올리브유와 고춧가루, 다진 마늘을 볶아 향을 낸 후 고사리를 넣고 볶아준다.

❹ 3에 준비한 소고기 육수를 붓고 숙주와 대파, 먹기 좋게 찢은 고기를 넣고 다시 한번 푹 끓여준다. 재래간장과 후춧가루로 간을 한다.

22kcal 더덕구이

석쇠에 직접 구어 더욱 감칠맛이 나고 향이 좋은 더덕구이입니다. 간장과 참기름 밑간에 10분 정도 미리 재워두면 속까지 간이 잘 배서 간장의 양을 줄여도 맛이 좋아요.

재료(2인분)
더덕 · · · · · · · · · · · · · · · · · · 2개(30g)
검은깨 · · · · · · · · · · · · · · · · · 1/2작은술

밑간 재료
재래간장 · · · · · · · · · · · · · · 1/2작은술
참기름 · · · · · · · · · · · · · · · · 1/2작은술

다이어트 TIP

씹을수록 입안에 그윽한 향이 번지는 더덕은 대표적인 건강 식재료로, 영양이 풍부해서 사찰에서는 '산에서 나는 고기'라고 부릅니다. 또 중국에서는 더덕의 뿌리를 자르면 하얀 액체가 나온다고 해서 '나무에서 나는 우유'라고 했다고 해요. 더덕은 식이섬유소가 풍부해 포만감을 주는 것은 물론 우리 몸의 지방을 분해하는 효과가 있어 다이어트 메뉴로 안성맞춤입니다.

❶ 더덕은 깨끗이 씻어 껍질을 벗긴 후 반으로 갈라 밀대로 두들겨 납작하게 편다.

❷ 재래간장과 참기름을 잘 섞은 밑간을 더덕에 골고루 발라 간이 배도록 10분 동안 둔다.

❸ 석쇠에 앞뒤로 노릇하게 익힌 다음 4cm 길이로 썰고, 검은깨를 뿌려낸다. 기름을 두르지 않은 프라이팬에 구워도 됩니다.

현미율무밥과 소고기탕평채 도시락

현미율무밥 · 오이미역냉국 · 소고기탕평채 · 비트양파생채 · 꽈리고추볶음

율무는 식욕을 억제해주고, 다리가 자주 붓거나 하체비만인 사람에게 좋습니다.
소고기탕평채는 탱글탱글한 식감이 좋아
계속 손이 가는 반찬이에요.

363 kcal

나트륨 519mg

30분 밥상 차리기

미역 불리기 → 모든 재료 씻어서 준비 → 숙주 미나리 청포묵 데치기 → 꽈리고추 볶아서 완성 → 소고기 양념해서 볶기 → 소고기탕평채 만들기 → 오이냉국 재료 양념하기 → 비트양파생채 만들기 → 냉국에 물과 얼음 넣기

비트 양파 생채 `25kcal`

비트의 붉은 색감이 식욕을 돋우는 생채로, 비트의 아삭하게 씹히는 질감과 양파의 알싸하면서도 달달한 맛이 잘 어우러지는 반찬입니다.

재료(2인분)

비트	40g
양파	1/3개(55g)
식초	2큰술

만드는 법

1 비트와 양파를 곱게 채 썬다.
2 비트와 양파에 식초를 골고루 섞어 재운다.

꽈리고추 볶음 `15kcal`

향이 좋은 들기름에 꽈리고추를 볶아보세요. 꽈리고추가 매콤하면서 달달해서 소금간을 하지 않아도 맛있어요.

재료(2인분)

꽈리고추	8개(16g)
들기름	1/2작은술
소금	약간

만드는 법

1 꽈리고추는 깨끗이 씻어 2~3등분으로 어슷하게 썬다.
2 들기름을 두르고 3분 정도 살짝 볶아낸 후 소금으로 간한다.

오이 미역 냉국 23kcal

아삭하고 신선한 오이와 미역이 잘 어우러져 새콤하고 시원한 맛이 그만인 냉국입니다.
도시락으로 쌀 때는 물 대신 얼음만 넣어가면 시원한 냉채를 간편하게 즐길 수 있어요.

재료(2인분)

오이	1/5개(40g)
마른 미역	2g
양파	1/8개
풋고추	1개
물	1컵
얼음	1컵
식초	2큰술
올리고당	1작은술
통깨	1작은술
소금	약간

TIP
미리 채소에 양념을 해놓으면 물을 섞어도 싱겁지 않고 간이 잘 맞아요. 식초가 들어가는 요리에는 참기름 대신 통깨를 부셔 넣으면 느끼하지 않고 고소합니다.

❶ 미역은 물에 넣고 충분히 불린다.

❷ 오이는 어슷하게 썰고, 양파는 곱게 채 썬다. 풋고추는 송송 썬다.

❸ 오이와 불린 미역, 양파, 풋고추에 식초와 올리고당을 넣고 골고루 섞어준 후 잠시 그대로 둔다.

❹ 물 1컵과 얼음을 넣고 소금으로 간을 한 다음 3을 넣어 골고루 섞어준다. 먹기 전에 통깨를 살짝 뿌려준다.

139kcal 소 고 기 탕 평 채

칼로리 걱정 없이 맛있게 먹을 수 있는 소고기탕평채입니다.
미나리의 향긋한 향과 숙주의 아작한 맛이 탱글탱글한 청포묵과 잘 어울려요.

재료(2인분)

소고기(잡채용)	100g
청포묵	120g
미나리	80g
숙주	100g
재래간장	1작은술
참기름	1작은술
검은깨	약간
소금	약간

소고기 양념장 재료

다진 마늘	1/4작은술
올리고당	1/4작은술
후춧가루	약간

다이어트 TIP

청포묵은 포만감을 주면서도 100g당 37kcal로 칼로리가 낮아 다이어트 식품으로 인기가 높아요. 청포묵의 재료인 녹두에는 필수아미노산과 단백질이 풍부한데, 비타민이 풍부한 숙주나 미나리 같은 채소와 같이 먹으면 서로 부족한 영양소를 보충해줄 수 있어 더욱 좋습니다.

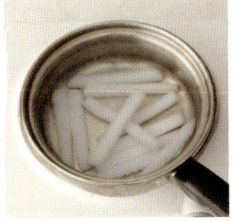

❶ 미나리는 5cm 길이로 썰고, 청포묵은 손가락 굵기로 썬다. 숙주와 미나리, 청포묵은 차례대로 끓는 물에 살짝 데쳐낸다.

❷ 소고기는 다진 마늘과 올리고당, 후춧가루, 소금을 넣고 골고루 버무린 후 프라이팬에 볶아준다

❸ 볼에 소고기, 숙주, 청포묵, 미나리를 담고 간장과 참기름을 넣어 골고루 버무린다. 먹기 전에 검은깨를 살짝 뿌려낸다.

현미밥과 삼치시금치조림 도시락

현미밥 · 무말랭이국 · 삼치시금치조림 · 우엉풋고추찜 · 겨자채

DHA와 EPA가 풍부한 건강 식재료 삼치로 도시락을 준비해보세요.
삼치를 기름에 굽는 대신 쪄서 조리하면 칼로리는 낮추면서 재료 본래의 맛은
살릴 수 있답니다.

435 kcal

나트륨 878mg

30분 밥상 차리기
- 모든 재료 씻어서 준비 · 무말랭이국 끓이기 · 삼치시금치조림 앉히기 · 우엉과 풋고추에 찹쌀가루 옷 입히기
- 우엉과 풋고추 찜통에 찌기 · 겨자채와 우엉찜 양념장 만들기 · 삼치조림에 시금치 넣기 · 우엉 양념에 버무리기
- 겨자채 버무리기 · 무말랭이국 파 넣어 완성

무 말 랭 이 국 58kcal

무말랭이는 무를 말린 것으로 비타민 D가 풍부하고 꼬들꼬들하게 씹히는 맛이 스트레스 해소에도 제격이에요.

재료(2인분)
무말랭이 · · · · · · · · · · · · · · 10개(20g)
다시마 · 1개
고춧가루 · · · · · · · · · · · · · · · 1/2작은술
실파 · 약간
소금 · 약간
물 · 2컵

만드는 법
1 냄비에 물 2컵과 무말랭이, 다시마, 고춧가루를 넣고 15분간 끓인다.
2 맛이 충분히 우러나면 송송 썬 실파를 넣고 소금간을 한 후 불을 끈다.

겨 자 채 32kcal

소화 작용을 돕는 효소가 들어 있는 배와 채소로 만든 생채예요. 톡 쏘는 겨자 향이 색다른 즐거움을 줍니다.

재료(2인분)
당근 · · · · · · · · · · · · · · · · · 1/10개(20g)
배 · 1쪽(30g)
오이 · · · · · · · · · · · · · · · · · · 1/4개(40g)
양배추잎 · · · · · · · · · · · · · · · · 2장(60g)

양념장 재료
연겨자 · · · · · · · · · · · · · · · · 1/2작은술
올리고당 · · · · · · · · · · · · · · · · · · 1작은술
식초 · 2작은술

만드는 법
1 오이는 씨를 제거하고 배와 당근, 양배추는 물기를 뺀 후 곱게 채 썬다.
2 연겨자와 올리고당, 식초를 골고루 섞어 양념장을 만든다.
3 양념장을 1에 넣고 골고루 잘 버무린다.

삼치 시금치 조림 144kcal

삼치를 비롯한 등푸른생선은 대부분 지방이 많으므로 찌는 조리법으로 칼로리를 낮추면 좋습니다.
무나 양파를 함께 넣으면 영양의 균형을 맞출 수 있어 좋아요.

재료(2인분)

삼치	1/4마리(100g)
양파	1개(160g)
시금치	6포기(80g)
건고추	1개
생강	1cm
재래간장	2작은술
올리고당	2/3작은술
물	1컵

다이어트 TIP

삼치는 불포화지방산과 DHA와 EPA가 풍부한 건강 식재료입니다. 그러나 바다에서 온 식재료로 원래 나트륨이 많은 편이기 때문에 조림을 할 때는 간을 약하게 해서 심심하게 먹는 것이 좋아요.

❶ 삼치는 흐르는 물에 잘 씻어서 물기를 빼둔다. 양파는 동그랗게 썰고, 시금치는 뿌리를 제거한 후 반으로 썬다. 건고추는 가위로 어슷하게 자르고, 생강은 채 썬다.

❷ 삼치와 건고추, 생강, 양파를 냄비에 넣은 후 물 1컵을 붓고 뚜껑을 덮고 찐다.

❸ 삼치가 익으면 재래간장과 올리고당을 섞어 넣고 간이 잘 배도록 끼얹어가면서 쪄준다.

❹ 맛이 배면 시금치를 넣고 살짝 숨이 죽을 정도로만 뜸을 들인다.

48kcal 우엉 풋고추 찜

다이어트에 좋은 우엉과 풋고추로 만든 찜요리입니다.
찹쌀가루를 얇게 묻혀 찌면 익히는 시간을 줄이면서 질감을 그대로 살릴 수 있어요.

재료(2인분)

- 우엉 · 50g
- 풋고추 · · · · · · · · · · · · · · · 2개(40g)
- 찹쌀가루 · · · · · · · · · · · · · · · · 1큰술

양념장 재료

- 홍고추 · · · · · · · · · · · · · · 1/2개(10g)
- 재래간장 · · · · · · · · · · · · · · · · · 1큰술
- 통깨 · · · · · · · · · · · · · · · · · 1/2작은술

❶ 우엉은 깨끗이 씻어 어슷하게 썰고, 풋고추는 반으로 갈라 우엉과 비슷한 크기로 2~3등분한다. 홍고추는 잘게 다진다.

❷ 손질한 우엉과 풋고추를 물에 한 번 넣었다 건진 후 찹쌀가루와 함께 봉지에 넣고 흔든다.

❸ 찹쌀가루를 묻힌 우엉과 풋고추를 찜통에 넣고 찐다.

❹ 다진 홍고추와 재래간장, 통깨로 양념장을 만들어 찐 우엉과 풋고추를 넣고 골고루 버무린다.

현미율무밥과 닭가슴살콩나물잡채 밥상

현미율무밥 · 시금치국 · 닭가슴살콩나물잡채 · 버섯고추장구이 · 연두부생채

레몬에 재워 부드러운 닭가슴살에 아삭한 콩나물을 넣어 만든 잡채로 차린 밥상입니다.
잡채를 좋아하지만 칼로리가 높아 걱정이라면 저칼로리 잡채로 고민을 해결해보세요.

577 kcal
나트륨 712mg

30분 밥상 차리기

- 모든 재료 씻어서 준비
- 멸치 육수 올리기
- 콩나물과 닭가슴살 찜통에 찌기
- 그릴에 버섯 구워 양념장에 재우기
- 연두부생채 만들기
- 국에 시금치 넣고 국간하기
- 버섯 굽고
- 닭가슴살 잡채 버무리기

시금치 국 **22kcal**

나트륨 양을 줄인 저염 된장을 넣어 시금치 향을 살린 건강한 국입니다. 시금치는 무르지 않게 숨이 죽을 정도만 끓여야 맛있어요.

재료(2인분)
시금치	2포기(24g)
저염 된장	2작은술

육수 재료
다시마	1장
멸치(국거리용)	10마리
물	2컵

만드는 법
1 시금치는 깨끗이 씻어 2~3등분한다.
2 냄비에 물 2컵을 붓고 다시마와 멸치를 넣고 15분 정도 끓인 후에 시금치를 넣고 한소끔 더 끓인다.
3 시금치가 익으면 저염 된장을 넣고 5분간 더 끓여준다.

TIP
된장은 오래 끓이면 유산균이 파괴되므로 적당히 끓여주세요.

연 두 부 생 채 **64kcal**

연두부를 활용하여 한층 부드럽게 잘 넘어가는 생채입니다. 고추와 들깻가루가 들어간 양념장이 매콤하면서도 고소해요.

재료(2인분)
연두부	120g
쌈채소	80g

양념장 재료
풋고추	1개
홍고추	1개
식초	4작은술
들깻가루	2작은술

만드는 법
1 쌈채소는 깨끗이 씻어 한입 크기로 뜯는다.
2 청홍고추는 곱게 다진 후 분량의 식초와 들깻가루와 함께 골고루 섞어 양념장을 만든다.
3 연두부는 물기를 빼고 곱게 으깬다.
4 쌈채소 위에 연두부를 올린 후 2의 양념장을 올려 골고루 섞어준다.

닭가슴살 콩나물 잡채 266kcal

레몬 향이 밴 닭가슴살과 아삭한 콩나물의 식감이 어우러진 담백한 맛의 잡채입니다.
닭가슴살과 콩나물을 함께 찜통에 찌면 요리할 때의 번거로움을 줄일 수 있어요.

재료(2인분)

닭가슴살	200g
콩나물	100g
실파	6대(24g)
재래간장	1작은술
올리고당	1작은술
통깨	1/2작은술
생강	0.5cm
슬라이스 레몬	2쪽

다이어트 TIP

닭가슴살에 레몬즙을 뿌리거나 레몬과 함께 재워두면 탁월한 소화 효과를 얻을 수 있어요. 단백질을 아미노산으로 분해하는 소화 효소 펩신이 강한 산성에서 활발하게 움직이기 때문이지요. 뿐만 아니라 레몬은 닭고기의 누린내를 제거해주는 효과도 있답니다.

❶ 닭가슴살은 포를 뜬 후 슬라이스 레몬과 채 썬 생강에 10분 정도 재운다. 콩나물은 다듬어서 물에 잘 씻어둔다.

❷ 닭가슴살과 콩나물을 찜통에 넣고 20분간 찐다.

❸ 찐 닭가슴살은 가늘게 찢고, 실파는 4cm 길이로 썬다.

❹ 재래간장과 올리고당을 골고루 섞은 후에 콩나물과 닭가슴살을 실파와 함께 골고루 섞어 버무려준다. 먹기 전에 통깨를 뿌려낸다.

64kcal 버섯고추장구이

새콤달콤한 사과고추장 소스에 재운 맛 좋은 새송이버섯 구이입니다.
강판에 곱게 간 사과를 고추장과 섞어 나트륨 양을 줄인 고추장 소스를 만들어보세요.

재료(2인분)

새송이버섯 ············· 2개(150g)
팽이버섯 ················· 50g

사과고추장 소스
고추장 ················· 1작은술
사과 ··················· 1/2개

다이어트 TIP

고추장에 천연의 단맛을 가지고 있는 사과를 넣으면 칼로리를 낮추면서 양념장의 양을 늘릴 수 있어요. 또 사과 속에 든 칼륨 성분이 나트륨의 배설도 도와줍니다. 사과고추장은 집에 있는 고추장에 강판에 곱게 간 사과를 동량으로 넣어주면 간단히 만들 수 있어요. 미리 만들어 냉장보관했다가 필요할 때마다 꺼내 쓰면 편리해요.

❶ 강판에 곱게 간 사과를 고추장과 골고루 섞어준다.

❷ 새송이버섯은 도톰하게 썰고, 팽이버섯은 밑동을 제거한 후 그릴에 노릇하게 구워준다.

❸ 그릴에 구운 버섯에 1의 양념을 골고루 묻혀 10분간 재운 후 다시 그릴에 굽는다.

현미팥밥과 느타리버섯잡채 밥상

현미팥밥 · 황태국 · 느타리버섯잡채 · 두부양배추부추찜 · 시금치겉절이

실곤약과 느타리버섯으로 만든 잡채와 지방이 적고 단백질이 풍부한 황태국으로 차린 건강 밥상입니다. 양배추와 부추를 넣은 두부찜을 곁들여서 포만감을 높였어요.

354 kcal
나트륨 588mg

30분 밥상 차리기

· 모든 재료 씻어서 준비   · 황태 불리기   · 두부찜 만들어 찜기에 올리기   · 황태 볶아서 물 넣고 끓이기
· 시금치겉절이 양념장 만들기   · 느타리버섯잡채 만들기   · 국에 대파 넣고 간하기   · 시금치겉절이 버무리기

황태국 41kcal

황태를 들기름에 볶아 구수한 맛을 더한 황태국입니다. 황태는 일반 생선보다 지방이 적고 단백질 함유량이 56%나 되는 건강식품으로, 국 말고도 구이, 찜 등으로 다양하게 요리해서 먹으면 좋아요.

재료(2인분)

황태포	8g
들기름	1작은술
다시마	2장
대파	3cm
소금	약간

만드는 법

1. 황태포는 적당한 크기로 자른 후 물을 자작하게 부어 불려 둔다.
2. 대파는 송송 썬다.
3. 달군 냄비에 들기름을 두르고 불린 황태포를 3분간 볶은 후 다시마와 물을 넣고 15분 정도 끓인다.
4. 황태가 부드러워지고 맛이 우러나면 대파를 넣고 소금으로 간을 해서 한소끔 더 끓인다.

시금치 겉절이 33kcal

시금치는 보통 데쳐서 무침을 하지만 생으로 먹어도 풋내 없이 맛있게 먹을 수 있어요. 시금치를 고를 때는 잎이 크지 않은 작고 여린 것으로 고르면 좋습니다.

재료(2인분)

시금치	6대(80g)
양파	1/2개(80g)

양념장 재료

식초	3큰술
굵은 후춧가루	1/4작은술
고춧가루	1/4작은술

만드는 법

1. 시금치는 깨끗이 씻어 3cm 길이로 썬다.
2. 양파는 곱게 채 썰어 찬물에 담가 매운맛을 뺀 후 건져 물기를 제거한다.
3. 식초와 굵은 후춧가루, 고춧가루를 섞어 양념장을 만든다.
4. 볼에 시금치와 양파를 담고 3의 양념장을 넣어 잘 섞어준다.

느타리버섯 잡채 **41kcal**

꼬들꼬들 씹히는 맛이 좋은 실곤약과 쫄깃한 느타리버섯을 이용해
칼로리는 낮추고 포만감은 높인 저칼로리 잡채입니다.

재료(2인분)

느타리버섯	150g
실파	5대(20g)
홍고추	1개
실곤약	100g
재래간장	1작은술
올리고당	1작은술
통깨	1/4작은술

다이어트 TIP

곤약은 100g당 10kcal의 저칼로리를 자랑하는 대표적인 다이어트 식품으로 식이섬유소가 풍부해요. 식이섬유소는 위와 소장에서 수분을 흡수하여 팽창하기 때문에 높은 포만감을 느낄 수 있고, 위장에 체류하는 시간이 길어 과식을 방지해주는 효과가 있어요. 다만 곤약 자체에는 아무런 영양소도 없으므로 곤약을 먹을 때는 필수영양소를 제공해주는 다른 음식과 함께 먹어야 합니다.

❶ 느타리버섯은 결대로 찢고, 실파는 5cm 길이로 썬다. 홍고추는 반으로 잘라 어슷하게 채 썬다.

❷ 팬에 실곤약을 넣고 살짝 볶는다.

❸ 볶아준 실곤약에 재래간장과 올리고당을 넣고 골고루 섞은 다음 느타리버섯과 홍고추를 넣는다.

❹ 2분 정도 볶아 숨이 죽으면 실파를 넣고 골고루 섞은 후 통깨를 부셔낸다.

93kcal 두부 양배추 부추 찜

입안에서 살짝 씹히는 양배추와 부추가 색다른 재미를 더해주는 고소한 두부찜입니다.
양도 많고 포만감도 커서 푸짐하게 먹고 싶을 때 제격인 메뉴에요.

재료(2인분)

- 양배추잎 ··············· 2장(60g)
- 부추 ····················· 20g
- 두부 ····················· 1모(200g)
- 소금 ····················· 1/4작은술
- 굵은 후춧가루 ········· 1/4작은술

다이어트 TIP

양배추는 식이섬유소가 풍부하고 칼륨이 풍부한 대표적인 식품입니다. 칼륨이 많기 때문에 나트륨 배출을 도와주고 포만감은 높일 수 있어 저칼로리 저염분 밥상을 차리는 데 효과적이에요. 생으로 먹어도 좋고, 볶거나 쪄서 먹어도 좋습니다.

❶ 부추는 송송 썰고, 양배추잎은 곱게 다진다.

❷ 두부는 키친타월로 눌러 물기를 뺀 후 칼로 으깬다.

❸ 1과 2를 골고루 섞은 후 소금과 굵은 후춧가루를 뿌려 간을 한다. 찜기에 종이 포일을 깔고 1cm 두께로 올려 쪄낸다.

현미밥과 치킨가스 밥상

현미밥 · 맑은팽이국 · 치킨가스 · 파프리카샐러드 · 브로콜리찜

오븐에 구워 칼로리를 낮춘 치킨가스로 카페 브런치 풍의 점심 밥상을 차려보세요.
파프리카, 브로콜리 등 몸에 좋은 색색의 채소를 더하면 보는 즐거움은 물론
건강까지 챙길 수 있어요.

446 kcal

나트륨 527mg

30분 밥상 차리기
- 모든 재료 씻어서 준비
- 다시마 육수 올리기
- 닭고기 손질해서 우유에 재우기
- 연겨자두부 소스 만들기
- 닭고기에 빵가루 옷 입히기
- 닭고기 오븐에 굽기
- 브로콜리 데치기
- 국에 팽이버섯 넣기
- 파프리카에 발사믹 식초 뿌리기
- 국에 간하기

파프리카 샐러드 28kcal

파프리카는 칼로리가 낮아서 다이어트에 좋고 항암, 항산화 효과가 뛰어난 건강식품이에요. 볶음, 조림 등 각종 요리에 활용하거나 살짝 데쳐서 간식으로 먹으면 좋아요.

재료(2인분)

각종 미니 파프리카 ······ 2개씩(150g)
발사믹 식초 ······ 2큰술

만드는 법

1. 파프리카는 깨끗이 씻어 꼭지를 제거하고 길쭉하게 썬다.
2. 그릇에 담은 후 발사믹 식초를 뿌려 절인다.

TIP

발사믹 식초는 소금이나 설탕을 따로 더하지 않아도 충분히 풍부한 맛이 나기 때문에 저염식에 적당해요. 생채소를 먹을 때 살짝 뿌려먹거나 올리브유를 약간 넣어서 샐러드 소스로 사용해보세요.

맑은 팽이국 12kcal

다시마 육수와 팽이버섯의 씹히는 맛이 살아 있는 담백한 국입니다. 팽이버섯은 씹히는 질감이 쫄깃하고 부드러워 국에 넣어 먹으면 좋아요.

재료(2인분)

팽이버섯 ······ 50g
실파 ······ 1/2개(2g)
다시마 ······ 2장
물 ······ 2컵
재래간장 ······ 2작은술

만드는 법

1. 냄비에 물 2컵을 붓고 다시마를 넣어 육수를 낸다.
2. 팽이버섯은 깨끗이 씻어 밑동을 제거한 후 3cm 길이로 썰고, 실파도 송송 썬다.
3. 육수 맛이 우러나면 버섯과 실파를 넣고 5분간 더 끓인다.
4. 재래간장으로 간을 한다.

브로콜리 찜 64kcal

연겨자와 식초를 넣은 매콤하면서 새콤한 두부 소스에 찍어 먹는 브로콜리 찜입니다.
소스는 넉넉하게 만들어서 집에 있는 채소를 아무거나 꺼내 찍어 먹어도 맛있어요.

재료(2인분)

브로콜리 ············ 1/4송이(60g)

연겨자 두부 소스 재료
두부 ··················· 1/2모(100g)
연겨자 ················· 1/2작은술
올리고당 ················ 1작은술
식초 ······················ 4작은술

다이어트 TIP

브로콜리에는 레몬의 2배, 감자의 7배나 되는 비타민 C가 들어 있어요. 또 빈혈을 예방하는 철분 함량도 100g당 1.9mg으로 채소 중 으뜸이고, 식이섬유소도 풍부해서 장 속의 유해물질을 밖으로 배출시켜주며 대장암 예방에도 탁월한 효과가 있답니다. 살짝 데치거나 쪄서 먹는 것이 좋고, 다른 재료와 함께 익힐 때는 비타민 C 손실을 적게 하기 위해 마지막에 넣어주세요.

❶ 믹서에 두부, 연겨자, 올리고당, 식초를 넣고 곱게 갈아 소스를 만든다.

❷ 브로콜리는 한입 크기로 썰어준다.

❸ 끓는 물에 브로콜리를 넣고 살짝 데친 후 소스를 곁들여 낸다.

189kcal 치킨가스

닭 안심살은 기름기가 적은 살코기 부위로 닭고기 중에서도 가장 부드럽고 단백질이 풍부합니다.
기름에 튀기는 대신 오븐에 구우면 맛은 그대로 살리면서 칼로리를 낮출 수 있어요.

재료(2인분)

- 닭 안심살 …………… 4쪽(120g)
- 빵가루 ………………… 1/2컵
- 우유 …………………… 2큰술
- 다진 마늘 ……………… 1작은술
- 허브가루 ……………… 1/8작은술
- 후춧가루 ……………… 약간

다이어트 TIP

닭고기를 보관할 때는 1인분 크기로 구분하여 통째로 랩에 꼭 맞게 싸서 냉장고에 넣어두는 것이 좋아요. 나중에 끓여서 요리할 거라면, 소금과 후춧가루를 청주와 함께 닭고기에 뿌린 후 냉동해두면 됩니다. 냉동한 닭고기는 냉장고에 넣어 서서히 해동시킨 후 사용하세요.

❶ 허브가루와 후춧가루, 빵가루를 골고루 섞는다.

❷ 닭 안심살은 포를 뜬 후 다진 마늘과 우유를 넣고 골고루 버무린다.

❸ 닭 안심살에 1을 충분히 묻혀준다.

❹ 200도 오븐에서 20분간 바삭하게 구워준다.

현미팥밥과 돼지고기마늘종볶음 밥상

현미팥밥 · 배추새우국 · 돼지고기마늘종볶음 · 가지양념구이 · 도토리묵냉채

돼지고기 목살은 지방이 적고 맛이 연해서 다이어트에 적합한 부위예요.
특히 양파와 함께 먹으면 지방과 콜레스테롤 제거에 도움을 줍니다.
도토리묵의 떫은맛을 내는 타닌 성분도 지방 흡수를 억제해주는 효과가 있어요.

446 kcal

나트륨 558mg

30분 밥상 차리기

돼지고기와 마늘종 볶기
가지 굽기
국에 새우 넣고 간하기
도토리묵냉채 만들기
돼지고기 데친 후 자르기
가지 양념장에 재우기
생강에 돼지고기 재우기
배추국 육수 내기
모든 재료 씻어서 준비

배추새우국 63kcal

감칠맛 나는 새우와 시원한 배추로 만든 저염식 국입니다. 수분이 풍부하고 달달한 맛이 좋은 배추는 생으로 먹어도 좋고 국, 찌개, 무침 등 여러 가지 요리로 활용이 가능해요.

재료(2인분)
- 배추 ······ 4장(40g)
- 칵테일새우 ······ 6마리(70g)
- 다진 마늘 ······ 1/2큰술
- 저염 된장 ······ 2작은술
- 다시마 ······ 2장
- 물 ······ 2컵

만드는 법
1. 배추는 1cm 폭으로 송송 썬다.
2. 냄비에 물 2컵을 붓고 다시마와 배추, 다진 마늘을 넣은 후 15분간 끓인다.
3. 배추와 다시마에서 맛이 우러나면 칵테일새우를 넣고 저염된장을 푼 다음 한소끔 더 끓여낸다.

도토리묵냉채 63kcal

각종 채소를 듬뿍 넣은 묵 무침은 집에 있는 재료로 손쉽게 만들어 먹을 수 있는 다이어트 요리랍니다. 특히 도토리묵은 수분 함량이 높아 포만감을 느낄 수 있어요.

재료(2인분)
- 당근 ······ 1/10개(30g)
- 오이 ······ 1/4개(40g)
- 쑥갓 ······ 40g
- 도토리묵 ······ 160g
- 들깻가루 ······ 약간

양념장 재료
- 식초 ······ 4작은술
- 배 ······ 1/8(40g)

만드는 법
1. 당근과 오이는 깨끗이 씻어 길이로 반을 자른 후에 어슷하게 썰고, 쑥갓은 깨끗이 씻어 물기를 제거한 후 4cm 길이로 썬다. 도토리묵은 손가락 굵기로 썬다.
2. 배를 강판에 곱게 간 후 식초와 함께 골고루 섞어 양념장을 만든다.
3. 그릇에 채소와 도토리묵을 보기 좋게 담은 후 들깻가루를 뿌리고 양념장을 곁들인다.

돼지고기 마늘종 볶음 156kcal

돼지고기 목살은 기름기는 적고 씹히는 맛이 쫄깃해서 다이어트에 적당한 부위예요.
매운맛을 뺀 양파를 곁들여 먹으면 지방과 콜레스테롤 제거에 도움이 됩니다.

재료(2인분)

돼지고기 목살	100g
마늘종	6대(60g)
양파	1/4개(40g)
생강	약간
굵은 후춧가루	1/4작은술
소금	약간

다이어트 Tip

돼지고기는 고지방식품으로 다이어트에 좋지 않다고 생각하기 쉽지만, 삼겹살이나 갈비 등 지방이 많은 부위만 피하면 됩니다. 돼지고기에서 지방이 적은 부위는 안심, 목살, 등심, 다릿살 등으로 찜으로 해먹거나 데쳐서 수육을 해먹으면 좋아요. 100g당 칼로리를 비교해보면, 안심이 134kcal로 제일 낮고, 앞다릿살이 181kcal, 등심이 236kcal, 뒷다릿살은 235kcal 정도입니다.

❶ 마늘종은 4cm 길이로 썰고, 양파는 곱게 채 썰어 찬물에 담가 매운맛을 뺀다. 돼지고기는 간 생강과 후춧가루를 골고루 버무린다.

❷ 끓는 물에 돼지고기 목살을 넣고 5분 정도 데친다.

❸ 돼지고기 목살이 익으면 꺼내어 손가락 굵기로 썰어준다.

❹ 달군 프라이팬에 데친 목살을 넣고 볶다가 거의 다 익으면 마늘종을 넣고 소금으로 간을 해서 다시 한번 볶아준다.

18kcal 가 지 양 념 구 이

몸을 따뜻하게 해주는 생강 소스에 재운 맛있는 가지양념구이입니다.
수분 함량이 94%나 되는 가지는 포만감이 높아서 다이어트할 때 자주 먹으면 좋아요.

재료(2인분)
- 가지 ·················· 1/2개(50g)
- 통깨 ·················· 약간

양념장 재료
- 생강 ·················· 약간
- 올리고당 ·················· 1작은술
- 고춧가루 ·················· 1작은술
- 물 ·················· 1/2컵

다이어트 TIP

가지는 100g당 16kcal로 칼로리가 낮을 뿐 아니라 건강식품으로 각광받고 있는 웰빙 채소예요. 껍질의 보랏빛 색소인 안토시아닌은 노화와 암을 예방해주어 최근 큰 주목을 받고 있답니다. 또 지방질을 흡수하고 혈관 안의 노폐물을 녹여 배출시켜주기 때문에 혈중 콜레스테롤의 상승을 억제하는 효과를 볼 수 있어요. 여름에서 가을까지가 제철로 색이 진하고, 휘지 않고 모양이 바른 것을 고르는 것이 좋습니다.

❶ 가지는 어슷하게 썬 후 그릴팬이나 프라이팬에 굽는다.

❷ 강판에 곱게 간 생강에 분량의 올리고당과 고춧가루, 물을 넣고 골고루 섞어 양념장을 만든다.

❸ 가지가 반쯤 익으면 2의 양념장에 골고루 버무려 10분간 재운다.

❹ 양념이 잘 밴 가지를 그릴팬이나 프라이팬에 다시 한번 구워준다. 먹기 전에 통깨를 뿌려낸다.

현미밥과 돼지고기샤부샤부 밥상

현미밥 · 애호박된장국 · 돼지고기샤부샤부 · 새송이버섯무침 · 비름나물

달달한 애호박에 저염 된장으로 간을 한 삼삼한 애호박국과 끓는 물에 데쳐 기름기를 쫙 빼낸 돼지고기샤브샤브로 건강한 저염식 밥상을 차려보세요. 샤부샤부에 마늘 소스를 뿌려먹으면 콜레스테롤을 낮출 수 있어 더욱 좋아요.

417 kcal
나트륨 461mg

30분 밥상 차리기

모든 재료 씻어서 준비
멸치 육수 올리기
비름나물 데치기
두부와 돼지고기 데치기
마늘소스 만들기
버섯무침 양념장 만들기
국에 호박 넣고 간하기
비름나물 양념에 무치기
새송이버섯 무치기
돼지고기샤부샤부 완성

새송이버섯무침 33kcal

섬유질이 풍부하고 수분이 많아 포만감을 주는 새송이버섯으로 만든 무침이에요. 새송이버섯은 씹히는 질감과 향이 독특해 저염식에 활용하면 좋아요.

재료(2인분)
새송이버섯 · · · · · · · · · · · · · · · · 1대(100g)
상추 · 8장

양념장 재료
식초 · 4작은술
올리고당 · · · · · · · · · · · · · · · · · · 1작은술
고춧가루 · · · · · · · · · · · · · · · · · 1/2작은술
통깨 · 1/2작은술

만드는 법
1 분량의 식초, 올리고당, 고춧가루, 통깨를 부셔 양념장을 만든다.
2 새송이버섯은 깨끗이 씻어 물기를 제거한 후 반으로 갈라 납작하게 썬다.
3 상추는 깨끗이 씻어 물기를 제거하고 새송이버섯과 비슷한 크기로 썬다.
4 볼에 상추와 새송이버섯을 담고 양념장을 넣어 골고루 잘 버무려낸다.

비름나물 46kcal

비름나물은 오래먹으면 장수한다고 해서 장명채長命菜라는 이름을 가지고 있어요. 각종 비타민이 풍부하고 담백하면서 쓴맛이 없는 나물입니다.

재료(2인분)
비름나물 · 140g

양념장 재료
사과 · 1/4쪽(50g)
고추장 · 1작은술
저염 된장 · · · · · · · · · · · · · · · · · 1/2작은술

만드는 법
1 비름나물은 끓는 물에 데친 다음 찬물에 헹궈내고 물기를 꼭 짜서 반으로 썬다.
2 사과를 강판에 곱게 간 후 고추장과 저염 된장을 넣어 양념장을 만든다.
3 나물에 양념장을 넣고 조물조물 잘 버무린다.

돼 지 고 기 샤 부 샤 부 `148kcal`

칼로리가 걱정이라면 돼지고기를 끓는 물에 데쳐서 샤부샤부를 만들어보세요.
마늘 소스는 고기의 누린내를 잡아주고 콜레스테롤을 낮춰주는 효과가 있답니다.

재료(2인분)
양상추잎	4장(100g)
돼지고기 앞다릿살	100g
두부	1/2모(100g)
생강	1쪽

마늘 소스 재료
다진 마늘	1/2큰술
식초	4작은술
올리고당	1/2작은술
굵은 후춧가루	1/4작은술

다이어트 TIP
입안 가득 아삭거리는 식감이 좋은 양상추는 부피에 비해 칼로리가 매우 낮은 식재료로 식이섬유소와 각종 비타민, 무기질이 풍부해요. 날로 먹어야 영양 손실을 막을 수 있고, 알칼리성 식품으로 산성 식품인 육류와 함께 샐러드나 쌈으로 먹으면 궁합이 좋습니다. 손질한 양상추는 얼음물에 담가두었다가 먹기 직전에 건져서 요리하면 더욱 아삭하게 즐길 수 있어요.

❶ 양상추는 채 썬 후 얼음물에 담가 준비한다.

❷ 돼지고기 앞다릿살은 4cm 길이로 썬다. 두부는 도톰하게 썬다.

❸ 다진 마늘과 식초, 올리고당, 후춧가루를 골고루 섞어 마늘 소스를 만든다.

❹ 끓는 물에 생강을 넣은 뒤 두부와 돼지고기를 순서대로 데쳐낸다. 양상추를 접시에 담고 그 위에 돼지고기와 두부를 얹은 후 마늘 소스를 뿌려낸다.

37kcal 애호박 된장국

애호박은 식이섬유소와 비타민, 무기질이 풍부해서 다이어트와 피부 미용에 좋아요.
단맛이 강해서 다른 간을 보완해주기 때문에 저염식에도 효과적이랍니다.

재료(2인분)
- 애호박 ············· 1/5개(50g)
- 양파 ··············· 1/4개(40g)
- 청양고추 ··················· 1/2개
- 저염 된장 ················ 3작은술

멸치 육수 재료
- 멸치(국거리용) ············ 10마리
- 다시마 ······················ 1장
- 물 ························· 2컵

다이어트 Tip

호박은 단호박, 늙은 호박, 애호박 등 종류도 다양하고 조리법도 다양해요. 달콤한 맛이 일품인 단호박은 식이섬유소와 각종 비타민이 풍부해서 다이어트하면서 피부가 거칠어지는 것을 막아주고, 늙은 호박은 붓기를 빼는 데 탁월한 효과가 있습니다. 또 호박씨는 몸에 좋은 불포화지방산이 풍부하고 머리를 좋게 하는 레시틴과 필수아미노산이 골고루 함유되어 있는 훌륭한 영양 간식이랍니다.

❶ 냄비에 멸치와 다시마를 넣고 15분 정도 끓여 육수를 낸다.

❷ 애호박은 납작하게 썰어 4등분하고, 양파는 깍둑썰기 한다. 청양고추는 송송 썰어 둔다.

❸ 육수에 애호박과 양파를 넣고 3분 정도 끓인 다음 저염 된장을 넣고 채소가 익을 때까지 끓여준다.

❹ 송송 썬 청양고추를 넣고 한소끔 더 끓여낸다.

현미율무밥과 토마토고추장황태구이 밥상

현미율무밥·콩비지탕·토마토고추장황태구이·알배추겉절이·열무홍고추나물

다이어트에 빠질 수 없는 재료인 양배추와 토마토로 차린 저칼로리 밥상이에요.
양배추와 토마토는 나트륨 배출을 도와주는 칼륨이 풍부하고 칼로리도 매우 낮은데다
비타민 C가 풍부해 다이어트하면서 피부 미용까지 챙길 수 있답니다.

388 kcal
나트륨 794mg

30분 밥상 차리기

모든 재료 씻어서 준비
황태 불리기
김치와 양배추 육수 내기
황태 양념장 만들기
황태 양념에 재워 굽기
황태 초벌구이
국에 콩비지 넣기
열무 데쳐 나물 무치기
알배추겉절이 만들기
콩비지탕에 실파 넣기

알배추 겉절이 9kcal

알배추는 일반 배추에 비해 연하면서도 단맛이 강하고 씹히는 맛이 아삭합니다. 또 식이섬유소가 풍부하고 씹을수록 고소한 맛이 나서 생으로 먹기에 적당해요.

재료(2인분)
알배추	6장(60g)
식초	1큰술
저염 된장	1/2작은술

만드는 법
1. 알배추는 깨끗이 씻어 물기를 제거한 후 적당한 크기로 어슷하게 자른다.
2. 식초와 저염 된장을 골고루 섞은 후 손질해둔 알배추와 함께 골고루 버무린다.

TIP 줄기 부분을 먼저 양념장에 버무리고 잎 부분을 나중에 넣으면 비슷한 식감으로 즐길 수 있어요.

열무 홍고추 나물 18kcal

열무는 비타민 C가 풍부하고 칼로리도 100g당 11kcal로 매우 낮아요. 시원한 맛이 그만인 열무로 아작하게 씹히는 맛이 좋은 나물을 만들어보세요.

재료(2인분)
열무	140g
홍고추	1개
재래간장	1큰술
고춧가루	1작은술

만드는 법
1. 열무는 깨끗이 씻어 5cm 길이로 썰어 끓는 물에 살짝 데친 후 물기를 꼭 짠다.
2. 홍고추는 어슷하게 썬다.
3. 데친 열무에 홍고추와 재래간장과 고춧가루를 넣고 조물조물 버무린다.

TIP 열무는 크지 않고 줄기가 너무 두껍지 않은 것이 나물로 적당해요. 홍고추를 넣으면 보기에도 좋고 감칠맛을 더할 수 있습니다.

토마토고추장황태구이 **113kcal**

황태는 비타민 D가 풍부하고 말리는 과정에서 명태보다 단백질 함량이 두 배 정도 높아집니다.
토마토의 칼륨은 나트륨 배출을 도와주어서 고추장에 넣으면 나트륨 섭취를 줄일 수 있어요.

재료(2인분)

황태	1/2마리(20g)
참기름	1작은술

양념장 재료

완숙 토마토	1개(130g)
고추장	1큰술
올리고당	1큰술
다진 마늘	1작은술
다진 파	1작은술

다이어트 팁

토마토에는 비타민이 풍부해서 하루에 토마토를 2개만 먹으면 하루에 필요한 비타민 권장량의 대부분을 섭취할 수 있어요. 그래서 토마토를 오랫동안 섭취하면 피부가 깨끗해지고 탄력이 생기는 효과를 볼 수 있답니다. 그밖에도 특유의 짭짤한 맛이 있어 음식 조리할 때 사용하면 소금 섭취량을 줄일 수 있어요.

❶ 황태는 깨끗이 씻어 손질한 후 물을 자작하게 부어 불려둔다.

❷ 토마토를 굵게 썰어 볶다가 고추장, 올리고당, 다진 마늘, 다진 파를 넣고 다시 한번 볶아 양념장을 만든다.

❸ 불린 황태에 참기름을 발라 석쇠에 한번 구워준다.

❹ 초벌구이 한 황태에 2의 양념장을 발라 타지 않게 구워준다.

87kcal 콩비지탕

콩에 비해 부드럽고 소화가 잘 되는 콩비지에 김치를 넣은 콩비지탕입니다.
김치는 양념을 덜어내거나 나트륨 배출을 도와주는 양배추 같은 채소와 함께 드세요.

재료(2인분)

- 콩비지 …………………… 200g
- 김치 ……………………… 40g
- 양배추 …………………… 1장(30g)
- 실파 ……………………… 1대(4g)
- 소금 ……………………… 약간
- 물 ………………………… 1컵

다이어트 tip

양배추는 미국 〈타임〉지가 뽑은 10대 건강식품 중 하나예요. 한 통을 다 먹어도 300kcal가 조금 넘을 정도의 저칼로리에 아삭아삭 씹는 맛이 좋아 다이어트 식품으로 손꼽힙니다. 양배추를 씹어 먹으면 포만중추가 자극되어 뇌가 포만감을 느끼기 때문에 식사 전에 양배추를 먹으면 식사량을 줄일 수 있다고 해요. 또 칼륨 및 비타민이 풍부해서 다이어트도 하고 피부의 건강까지 챙기는 일석이조의 효과를 기대할 수 있답니다.

❶ 김치는 깨끗이 씻어 양념을 털어낸 후에 물기를 꽉 짜고 송송 썬다. 양배추는 4cm 길이로 잘라 채 썰고, 실파는 송송 썬다.

❷ 냄비에 물 1컵을 붓고 김치와 양배추를 넣은 후 15분간 끓인다.

❸ 콩비지를 넣고 골고루 섞어 한소끔 더 끓인다.

❹ 송송 썬 실파를 넣고 소금으로 간을 해준다.

애호박속간장비빔밥 밥상

애호박속간장비빔밥 · 열무된장국 · 애호박달걀찜 · 감자마늘종볶음

애호박 하나로 푸짐하고 알뜰한 밥상을 준비해보세요.
속을 파낸 애호박에 달걀을 넣고 쪄내면 달달하면서도 고소한 달걀찜이 완성된답니다.
남은 속은 버리지 말고 비빔밥 양념장으로 활용해보세요.

333 kcal
나트륨 737mg

30분 밥상 차리기

열무된장국 간하기
애호박속간장 만들기
취나물과 현미밥 담기
국에 열무 넣고 끓이기
감자볶음 만들기
애호박 속에 달걀 넣어 찌기
감자 썰어 물에 담그기
멸치 육수 올리기
모든 재료 씻어서 준비

열무된장국 18kcal

열무에 된장을 풀어 만든 색다른 열무된장국입니다. 열무의 아삭하게 씹히는 맛과 구수한 된장의 향이 잘 어울려요.

재료(2인분)
열무	80g
홍고추	1/2개(10g)
저염 된장	1큰술

멸치 육수 재료
다시마	2장
멸치(국거리용)	4마리
물	2컵

만드는 법
1 열무는 깨끗이 씻어 4cm 길이로 썰고, 홍고추는 어슷하게 썬다.
2 냄비에 멸치와 다시마를 넣고 10분 정도 끓여 육수를 낸다. 육수가 어느 정도 우러나면 열무를 넣고 끓여준다.
3 10분 정도 끓인 후 저염 된장과 홍고추를 넣고 한소끔 더 끓여 그릇에 담아낸다.

애호박 속 간장 비빔밥과 애호박 달걀찜 258kcal

간장으로 간을 한 달콤한 애호박 속을 넣어 비벼 먹는 색다른 비빔밥입니다.
애호박달걀찜은 애호박과 달걀의 고소한 맛이 잘 어우러져서 별다른 간을 하지 않아도 맛이 좋아요.

재료(2인분)
- 현미밥 ··············· 1공기(200g)
- 참나물 ··············· 60g
- 재래간장 ············· 2작은술

애호박 달걀찜 재료
- 애호박 4cm ········· 2개(80g)
- 달걀 ················· 1개

TIP
애호박 달걀찜에 달걀 대신 메추리알을 하나씩 넣으면 더 보기에 좋아요.

❶ 4cm 길이의 애호박 2개를 준비해서 숟가락으로 속을 파낸다.

❷ 파낸 애호박 속에 달걀 흰자와 노른자를 각각 넣어 찜기에 넣고 10분 정도 약한 불에 찐다. 긁어낸 애호박 속도 그릇에 담아 함께 찐다.

❸ 찐 애호박 속에 재래간장을 넣고 골고루 섞어준다.

❹ 넓은 그릇을 준비해 참나물과 현미밥을 담은 후 애호박 속간장과 함께 비벼 먹는다.

57kcal 감 자 마 늘 종 볶 음

기름을 넣지 않아 담백하게 먹을 수 있는 감자볶음입니다.
마늘종의 매운맛에 감자의 풍미가 더해져 소금간이 없어도 전혀 심심하지 않아요.

재료(2인분)

감자	1개(150g)
마늘종	4대(40g)
건고추	1개
굵은 후춧가루	1/4작은술

다이어트 TIP

감자는 탄수화물 식품이지만 필수아미노산과 각종 비타민, 칼륨이 풍부한 영양식품입니다. 감자의 칼륨은 몸속의 나트륨을 몸 밖으로 배출시켜주고 고혈압을 예방하는 효과가 있어요. 또 비타민 C가 사과의 3배가 넘게 들어 있어 피부 미용과 피로 회복에 좋습니다. 감자는 바람이 잘 통하는 그늘에 보관하고, 사과 한두 개 정도를 같이 넣어주면 싹이 나는 것을 방지할 수 있어요.

❶ 감자는 껍질을 벗겨 곱게 채 썬 후 10분 정도 물에 담가 전분을 빼고 찬물에 헹군다.

❷ 마늘종은 4cm 길이로 썰고, 건고추는 가위로 어슷하게 자른다.

❸ 냄비에 감자와 마늘종, 건고추를 넣고 자작하게 물을 부어 약한 불에서 뚜껑을 덮고 익힌다.

❹ 감자가 익으면 뚜껑을 열고 굵은 후춧가루를 뿌린 후 골고루 잘 섞어준다.

모듬 버섯구이 된장덮밥

그릴에 구워 향이 좋은 모듬 버섯과 푹 익혀 달달한 양파된장소스가 어우러진 덮밥입니다.
약한 불에서 뭉근하게 끓여 맛이 좋은 덮밥 소스에 버섯과 현미밥을 맛있게 비벼보세요.

217 kcal

나트륨 138mg

재료(2인분)

현미밥	1/2공기(100g)
새송이버섯	1개(80g)
표고버섯	1개(25g)
맛타리버섯	한줌(40g)
팽이버섯	한줌(40g)
실파	1대
통깨	1/2작은술

양파 된장 소스 재료

양파	1/2개
저염 된장	1큰술
물	1/2컵

•
모듬 버섯은 먹기 좋은 크기로 썰고, 양파는 다진다. 실파는 송송 썬다.

••
버섯을 그릴이나 기름을 두르지 않는 프라이팬에 올려 굽는다.

•••
양파를 곱게 다진 후 물 1/2컵을 넣고 충분히 끓여준다. 양파가 투명해지면 저염 된장을 넣고 한소끔 끓여준다.

••••
밥 위에 2의 버섯과 덮밥 소스를 올린 후 실파와 통깨를 뿌려낸다.

생 채 소 비 빔 국 수

신선한 색색의 채소를 듬뿍 넣어 칼로리는 낮추고 포만감은 높인 비빔면입니다.
토마토를 넣어 나트륨은 낮추고 새콤한 맛을 더한 토마토고추장 소스가 깔끔한 맛을 전해줍니다.

262 kcal

나트륨 212mg

재료(2인분)

소면	90g
양상추잎	4장(70g)
콩나물	100g
삼색 미니 파프리카	2개씩(150g)
쌈채소	약간

토마토고추장 소스 재료

토마토	1개(150g)
고추장	1큰술
올리고당	1작은술
식초	2큰술
올리브유	1작은술

소면 삶을 물을 올리고, 모든 채소는 깨끗이 씻어 채 썬다.

콩나물은 끓는 물에 아삭하게 데친다.

끓는 물에 소면을 넣고 삶은 다음 찬물에 여러 번 헹궈서 그릇에 담는다.

토마토는 깍둑썰기해서 올리브유에 볶다가 토마토가 익으면 고추장, 올리고당, 식초와 함께 골고루 섞어 소스를 만든다. 완성되면 소면 위에 채소를 올리고 소스와 함께 비벼 먹는다.

익힌 나물 비빔밥

채소를 찜통에 쪄내면 영양소는 그대로 보존하면서 칼로리를 훨씬 더 낮출 수 있답니다.
양념장을 만들 때 배를 사용하면 설탕 없이도 천연의 단맛을 낼 수 있어요.

218 kcal

나트륨 397mg

재료(2인분)

시금치 ·············· 8포기(100g)
당근 ················ 1/6개(50g)
콩나물 ·············· 한 줌
애호박 ·············· 1/5개(50g)
오이 ················ 1/4개(50g)
현미밥 ·············· 1/2공기(100g)

양념장 재료

배 ·················· 1/8쪽(40g)
재래간장 ············ 2작은술
통깨 ················ 1작은술

TIP 채소를 한꺼번에 찌기 때문에 당근과 애호박은 얇게 썰어야 익는 속도가 비슷해져요.

●	●●	●●●	●●●●
시금치, 당근, 콩나물, 애호박은 깨끗이 씻은 후 먹기 좋게 손질해서 찜통에서 10분 정도 찐다.	오이는 식초와 함께 골고루 버무려 재운다.	배를 곱게 갈아 재래간장과 통깨와 함께 골고루 섞어 양념장을 만든다.	찐 채소와 오이, 현미밥을 대접에 담고 양념장을 곁들여낸다.

콩비지크림파스타

콩비지의 고소한 맛이 살아 있는 저칼로리 크림파스타입니다.
다이어트 중에 파스타의 유혹을 참을 수 없을 때는 콩비지를 이용해서 색다르고 맛있는 크림파스타를 만들어보세요.

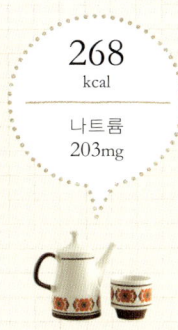

268 kcal

나트륨 203mg

재료(2인분)

- 콩비지 ·············· 150g
- 스파게티 면 ·············· 100g
- 표고버섯 ·············· 2개(50g)
- 새송이버섯 ·············· 1개(80g)
- 맛타리버섯 ·············· 50g
- 팽이버섯 ·············· 50g
- 실파 ·············· 2대
- 소금 ·············· 1/4작은술
- 굵은 후춧가루 ·············· 1/2작은술

TIP
소금 섭취량을 줄이려면 파스타 삶는 물에 소금을 넣지 마세요
대신 간이 잘 배도록 보통 파스타 면보다 얇은 면을 사용하는 것이 좋아요.

스파게티 면 삶을 물을 올리고 버섯을 적당한 크기로 손질해준다. 맛타리버섯은 적당하게 찢고, 표고버섯과 새송이버섯은 길쭉하게 채 썬다. 실파는 송송 썬다.

스파게티 면은 봉지에 적힌 시간만큼 삶아낸 후 물기를 빼둔다.

냄비에 팽이버섯을 제외한 나머지 버섯들을 넣고 스파게티 면을 삶은 물을 2/3컵 정도 넣어준 후 한소끔 끓인다.

버섯이 익으면 팽이버섯과 콩비지를 넣고 골고루 섞어 끓여준다. 스파게티 면을 넣고 양념이 배도록 3분 정도 볶아준 후 소금과 후춧가루로 간하고 실파를 뿌려낸다.

저염 채소 쌈밥

현미밥과 고구마, 단호박을 넣어 적은 양으로도 오랫동안 포만감을 느낄 수 있는 건강 쌈밥입니다.
달콤한 맛이 좋은 고구마와 단호박은 저염식에 좋은 식재료로, 칼로리도 낮아 다이어트에 제격이에요.

237 kcal

나트륨 144mg

재료(2인분)

현미밥 · · · · · · · · · · · · · · 1/3공기(70g)
고구마 · · · · · · · · · · · · · · 1개(100g)
미니 단호박 · · · · · · · · · · 1/4개(150g)
호박잎 · · · · · · · · · · · · · · · · · · · 8장
양배추잎 · · · · · · · · · · · · · · · · · 4장

쌈장 재료

저염 된장 · · · · · · · · · · · · · · · 2작은술
고추장 · · · · · · · · · · · · · · · · · 1작은술
호두 · 3개

 TIP
호박잎은 너무 오래 찌면 물러지므로 살짝만 쪄내세요.

· ·· ··· ····

호박잎은 깨끗이 씻어 찜통에 5분간 찐다.

고구마와 미니 단호박은 손가락 굵기로 썰고, 양배추잎은 잘 씻어서 찜통에 10분간 찐다.

다진 호두에 저염 된장과 고추장을 넣어 쌈장을 만든다.

찐 호박잎과 양배추잎 위에 미니 단호박(고구마)과 현미밥을 조금씩 올려 돌돌 만 후 한입 크기로 썬다.

단호박 불고기 덮밥

단호박의 달콤한 맛과 실파의 향이 어우러진 불고기 덮밥으로 점심에 간단히 만들어 먹기에 좋은 메뉴입니다.
달달한 맛이 좋은 단호박과 양파가 들어가서 간을 살짝만 해도 싱겁지 않고 맛있게 먹을 수 있어요.

290 kcal

나트륨 233mg

재료(2인분)

- 현미밥 ············ 1/2공기(100g)
- 단호박 ············ 1/8개(120g)
- 양파 ············ 1/4개(40g)
- 실파 ············ 3개
- 소고기(불고깃감) ············ 120g
- 다진 마늘 ············ 1작은술
- 파 ············ 2cm
- 재래간장 ············ 1작은술
- 굵은 후춧가루 ············ 1/2작은술

TIP 단호박은 되도록 얇게 썰어야 익히는 시간을 단축할 수 있어요.
단단해서 썰기 힘들다면 전자레인지에 넣어 살짝 익힌 후 썰어도 됩니다.

단호박은 납작하게 썰고, 양파는 채 썬다. 실파는 양파와 비슷한 크기로 썬다.

다진 파와 마늘에 재래간장과 굵은 후춧가루를 넣고 골고루 섞어준다.

팬에 물을 두른 후에 단호박을 넣고 볶아준다.

단호박이 반 이상 익으면 양파와 소고기, 2의 양념장을 넣고 골고루 볶아준 후 마지막에 실파를 넣고 골고루 저은 후 불을 끈다.

토마토 곤약 파스타

칼로리가 거의 없는 실곤약으로 만든 초저칼로리 파스타입니다.
토마토와 각종 채소가 듬뿍 들어가서 새콤하면서도 담백한 맛으로 즐길 수 있어요.

110 kcal

나트륨 38mg

재료(2인분)

실곤약	400g
양파	1개(80g)
새송이버섯	1개(40g)
피망	1개(50g)
방울토마토	24개(180g)
마늘	4개
굵은 후춧가루	약간

TIP
곤약 면은 요리하기 전에 체에 넣어 비벼서 헹궈주세요.
곤약 특유의 좋지 않은 향이 사라지고 더욱 쫄깃해집니다.

양파, 새송이버섯, 피망은 굵게 깍둑썰기하고, 마늘은 얇게 저민다. 방울토마토는 4등분한다.	팬에 물을 살짝 두르고 양파, 새송이버섯, 피망, 마늘을 넣은 다음 양파가 투명해질 때까지 볶는다.	양파가 투명해지면 물에 헹궈서 준비해둔 실곤약을 넣고 2분간 볶아준다.	방울토마토를 넣고 3분간 더 볶아준 후 굵은 후춧가루로 간한다.

올리브연어파스타

기름과 소금의 양은 확 줄이고 맛은 그대로 살린 담백한 오일 파스타입니다.
연어는 몸에 좋은 오메가3 지방산이 풍부하고 콜레스테롤 수치를 낮춰주는 효과도 있어요.

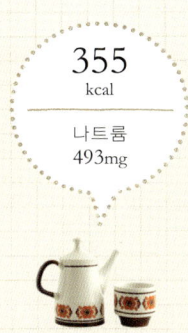

355
kcal

나트륨
493mg

재료(2인분)

스파게티 면 · · · · · · · · · · · · · · · · · 100g
훈제연어 슬라이스 · · · · · · 4쪽(100g)
레몬 슬라이스 · · · · · · · · · · · · · · · 3조각
블랙 올리브 · · · · · · · · · · · · · · · · · · 4개
마늘 · 4개
양파 · · · · · · · · · · · · · · · · · · · 1/4개(40g)
청양고추 · 1개
건고추 · 1개
올리브유 · · · · · · · · · · · · · · · · · · · 1큰술
굵은 후춧가루 · · · · · · · · · · · · · · · · 약간

TIP
파스타 삶은 물을 파스타 볶을 때 넣어주면 적당히 농도를 맞출 수 있어요.

1
스파게티 면 삶을 물을 올리고, 훈제연어는 키친타월로 눌러 기름기를 제거한 후 레몬 슬라이스에 재워둔다.

2
올리브는 링 모양으로 썰고, 마늘은 얇게 저민다. 양파는 채 썰고, 건고추와 청양고추는 어슷썬다. 스파게티 면은 봉지에 적힌 시간대로 삶아 건져내고 삶은 물 1컵은 남겨둔다.

3
달군 팬에 올리브유를 두르고 마늘과 양파, 건고추를 넣고 볶아 향을 낸 후 스파게티 면 삶은 물 1컵과 훈제연어를 넣고 맛이 우러나도록 한소끔 끓인다.

4
스파게티 면과 청양고추를 넣고 맛이 잘 배도록 섞어가며 3분 정도 볶은 후 후춧가루로 간하고 그릇에 담아낸다.

그릴드 시저 샌드위치

고소한 호밀빵과 쫀득한 모차렐라 치즈가 어우러진 건강 샌드위치예요.
호밀빵은 식이섬유소가 풍부해서 장 운동에 도움을 주고 포만감도 오래 유지된답니다.

329
kcal

나트륨
626mg

재료(2인분)

호밀빵 ············· 4장(200g)
로메인 상추 ············· 60g
모차렐라 슬라이스 치즈 ········ 2장
발사믹 식초 ············· 1큰술

로메인 상추 대신 일반 상추나 양상추를 활용해도 됩니다.
집에 석쇠가 없으면 직접 불에 살짝 구워주세요.

•
호밀빵은 그릴 팬에 앞뒤로 노릇하게 굽는다.

••
로메인 상추는 석쇠에 살짝 구워준다.

•••
빵 위에 발사믹 식초를 뿌리고 로메인 상추, 치즈 순으로 올린 후 다시 발사믹 식초를 조금 뿌린다. 샌드위치를 다시 그릴 팬 위에 올려 살짝 눌러서 치즈를 녹인다.

해 물 토 마 토 샐 러 드 피 자

치즈 대신 저칼로리 건강 식재료인 두부를 올린 느끼하지 않고 담백한 피자입니다.
상큼한 파인애플과 토마토에 두부의 고소함과 베이비채소의 신선함이 더해져 풍성한 맛을 느낄 수 있어요.

229 kcal

나트륨 329mg

재료(2인분)

파인애플 ················· 1조각(80g)
방울토마토 ················ 8개(120g)
칵테일새우 ················ 4개(30g)
오징어 ··················· 1/4마리(70g)
순두부 ··················· 100g
베이비채소 ················ 20g
발사믹 식초 ··············· 4큰술

피자도우 재료

밀가루 ··················· 1/2컵
베이킹파우더 ·············· 1/2작은술
와인 ····················· 3큰술
소금 ····················· 약간
후춧가루 ················· 약간

토마토 소스 재료

토마토 ··················· 1개(150g)
말린 오레가노 ············· 1작은술

피자도우 대신 집에 있는 식빵이나 또띠아를 이용해도 됩니다.
식빵은 166kcal, 얇은 또띠아는 94kcal입니다.

.

피자도우 재료는 모두 골고루 섞어 하나의 덩어리가 되도록 반죽한 뒤 비닐봉투에 넣어 냉장고에서 숙성시킨다.

. .

베이비채소는 깨끗이 씻어 물기를 없애고, 파인애플, 방울토마토, 오징어는 한입 크기로 썰고, 순두부는 키친타월로 눌러 물기를 확실히 빼준다.

. . .

냄비에 깍둑썰기한 토마토와 말린 오레가노를 넣고 물기가 없도록 졸여 소스를 만든다.

. . . .

도우를 타원 모양으로 밀고, 그 위에 토마토 소스를 바른다. 손질한 채소와 해산물, 순두부를 올린 후 190도 오븐에서 20분간 구워준다.

배 부 르 게 먹 으 면 서 칼 로 리 부 담 없 는
저녁 밥상 20세트

다이어트의 성패를 좌우한다는 저녁 밥상. 살을 빼겠다고 무작정 저녁을 굶었다가는 잠들기 전에 배고픔을 참지 못해서 오히려 폭식을 하기 십상이에요. 그렇기 때문에 배가 부르면서도 칼로리는 최대한 낮춘 똑똑한 저녁 밥상 차리기 노하우가 꼭 필요합니다. 닭가슴살과 소고기, 두부, 달걀 등 고단백 저지방 식품을 잘 활용하면 충분히 배부르게 먹으면서 칼로리 부담 없는 밥상을 차릴 수 있어요. 바쁜 직장인이라면 퇴근 후 간단하게 해먹을 수 있는 건강 샐러드와 영양밥으로 건강하게 다이어트를 시작해보세요.

현미팥밥과 닭가슴살볶음 밥상

현미팥밥 · 콩나물국 · 닭가슴살볶음 · 풋고추도라지무침 · 배추나물

몸속에 쌓인 독소와 불필요한 성분을 배출시켜주는 팥밥과
기름을 전혀 사용하지 않은 닭가슴살볶음으로 담백한 저녁 밥상을 차려보세요.

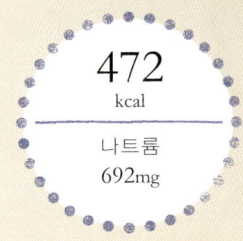

472 kcal

나트륨 692mg

30분 밥상 차리기
- 모든 재료 씻어서 준비 · 콩나물국 끓이기 · 배추나물 만들기 · 풋고추도라지무침 만들기
- 닭가슴살볶음 완성하기 · 콩나물국 간하기

콩 나 물 국 12kcal

청양고추의 칼칼한 맛이 시원한 콩나물국입니다. 콩나물을 많이 넣으면 더 진하게 먹을 수 있어요.

재료(2인분)
- 콩나물 …………………… 70g
- 파 ………………………… 4cm
- 청양고추 ………………… 1개
- 물 ………………………… 2컵
- 소금 ……………………… 약간

만드는 법
1 콩나물은 깨끗이 씻고, 파와 청양고추는 송송 썬다.
2 냄비에 콩나물과 물 2컵을 넣고 뚜껑을 덮은 다음 비린내가 나지 않을 때까지 끓인다.
3 콩나물이 다 익으면 파와 청양고추를 넣고 소금간을 한다.

TIP
콩나물을 익힐 때는 중간에 뚜껑을 열지 않아야 비린내가 나지 않아요. 어느 정도 익었는지 가늠하기 힘들다면 물을 약간 더 넣은 후 처음부터 뚜껑을 열고 끓이면 됩니다.

풋 고 추 도 라 지 무 침 60kcal

식초를 넣어 무친 나물로 소금간을 따로 하지 않아도 충분히 맛있게 먹을 수 있는 반찬입니다. 풋고추의 씹히는 맛까지 더해져 포만감을 느낄 수 있어요.

재료(2인분)
- 풋고추 …………………… 2개
- 도라지 …………………… 100g
- 식초 ……………………… 4작은술
- 통깨 ……………………… 1작은술

만드는 법
1 풋고추는 가늘게 채 썰고, 도라지도 깨끗이 씻어 가늘게 채 썬다. 도라지는 식초 1작은술을 넣은 물에 넣고 잘 주물러 씻어준다.
2 도라지의 물기를 뺀 후 식초 3작은술을 넣고 골고루 버무려 준다.
3 도라지에 맛이 배면 풋고추를 넣고 골고루 버무린다.
4 먹기 전에 통깨를 부셔낸다.

TIP
통깨를 부셔내면 참기름을 사용하는 것보다 칼로리는 낮추고 고소함을 더할 수 있습니다.

닭가슴살 볶음 179kcal

마늘과 생강, 향긋한 깻잎의 향이 더해진 담백한 닭고기 볶음입니다.
채소를 듬뿍 넣고 기름 대신 물로 닭가슴살을 볶으면 칼로리를 더 낮출 수 있어요.

재료(2인분)

닭가슴살	2개(260g)
깻잎 새순	한 줌
청피망	1개(100g)
홍피망	1개(100g)
마늘	2개
파	5cm
생강	약간
청주	2작은술
재래간장	2작은술
굵은 후춧가루	약간
물	4큰술

다이어트 TIP

닭가슴살의 단백질은 기초대사량을 높이기 위해 필요한 근육 형성을 할 때 꼭 필요한 영양성분으로 탄탄한 근육을 만들고 싶을 때 섭취하면 효과적이에요. 닭가슴살만 먹으면 퍽퍽하므로 요리할 때 다양한 채소를 곁들여주는 것이 좋습니다. 피망이나 깻잎 등 향이 있는 채소와 함께 먹으면 간을 세게 하지 않아도 맛있게 먹을 수 있어요.

❶ 마늘은 편으로 썰고, 생강은 곱게 채 썬다. 파는 어슷하게 썰고, 피망은 손가락 굵기로 썬다. 깻잎 새순은 깨끗이 씻어 물기를 뺀다.

❷ 닭가슴살은 손가락 굵기로 썬다.

❸ 달군 팬에 물을 두른 후 마늘과 생강, 닭가슴살, 청주를 넣고 볶아준다.

❹ 닭가슴살이 반쯤 익으면 청홍피망을 넣고 재래간장, 굵은 후춧가루로 간을 한다. 맛이 배면 파를 넣고 골고루 볶은 후 불을 끈다. 채 썬 깻잎 위에 볶은 닭가슴살과 채소를 담아낸다.

75kcal 배 추 나 물

익힌 배추의 달달한 맛과 고소한 호두가 잘 어울리는 나물입니다.
먹기 전에 소금으로 살짝 간을 해주면 단맛이 더 돋보여요.

재료(2인분)
- 배추잎 ······ 10장
- 호두 ······ 3개
- 물 ······ 2큰술
- 소금 ······ 약간

다이어트 TIP

호두를 비롯한 견과류는 다른 식품보다 포만감을 오래 지속시켜주기 때문에 체중 관리에 효과적입니다. 견과류는 딱딱해서 부드러운 식품보다 오래 씹어야 하고 소화하는 데 시간이 걸리기 때문이에요. 특히 호두에는 무기질과 비타민 B1이 풍부해서 매일 먹으면 피부에 윤기가 나고 노화 방지에도 효과가 있습니다.

❶ 배추는 깨끗이 씻어 1cm 폭으로 썬다.

❷ 호두는 고소함을 살리기 위해 마른 팬에 노릇하게 볶아준 후 곱게 다진다.

❸ 달군 팬에 물을 두르고 배추를 넣고 볶는다.

❹ 배추가 투명하게 익으면 호두를 넣고 골고루 섞어준다. 마지막에 살짝 소금간을 해준다.

현미밥과 달걀뚝배기 밥상

현미밥 · 달걀뚝배기 · 곰취와 두부쌈장 · 버섯볶음

순두부를 넣어 한층 더 고소한 달걀 뚝배기로 차린 저녁 밥상입니다.
향긋한 곰취와 두부쌈장, 담백한 버섯볶음도 곁들여보세요.

397 kcal

나트륨 538mg

저녁 밥상 20세트

🍵 30분 밥상 차리기

- 곰취 씻어서 준비
- 버섯볶음 만들기
- 달걀 풀어 뚝배기에 넣기
- 두부쌈장 만들기
- 뚝배기 육수 올리기
- 모든 재료 씻어서 준비

달걀 뚝배기 115kcal

소화가 잘 되는 순두부를 넣어 더 담백하고 든든한 달걀 뚝배기입니다.
소금 대신 재래간장으로 간을 하면 깊은 맛을 낼 수 있어요.

재료(2인분)
달걀	2개
순두부	100g
실파	1대
재래간장	1/2작은술

육수 재료
다시마	1장
물	1컵

다이어트 TIP
달걀은 필수아미노산과 철분이 풍부한 대표적인 단백질 식품입니다. 칼슘과 철분, 미네랄 등도 많이 들어 있어서 다이어트 중에 약해질 수 있는 신체의 면역력을 키워주고, 뼈 건강에도 좋아요. 또 위에 머무르는 시간이 길어서 공복감을 없애주는 효과도 있습니다.

❶ 달걀은 곱게 푼 다음 재래간장과 골고루 섞고, 실파는 송송 썰어 준비한다.

❷ 뚝배기에 물 1컵과 다시마를 넣고 10분 정도 끓여 육수를 낸다.

❸ 불을 약하게 줄인 다음 달걀과 순두부, 실파를 골고루 섞어 동그랗게 부어준다.

❹ 숟가락으로 살짝 저어준 후 뚜껑을 덮고 익힌다.

129kcal 버섯볶음과 곰취와 두부쌈장

소금과 후춧가루로 간을 해서 깔끔하고 버섯 향이 살아 있는 볶음요리입니다.
표고버섯이나 팽이버섯 등 좋아하는 버섯을 사용하면 그때그때 다른 맛을 낼 수 있어요.

재료(2인분)
- 맛타리버섯 ········· 70g
- 새송이버섯 ········· 1개(80g)
- 양파 ············· 1/4개
- 당근 ············· 20g
- 굵은 후춧가루 ······· 약간
- 소금 ············· 약간

두부 쌈장 재료
- 두부 ············· 50g
- 호두 ············· 2개
- 저염 된장 ········· 2작은술
- 고추장 ··········· 2작은술

다이어트 TIP

새송이버섯에는 비타민 C가 느타리버섯의 7배, 팽이버섯의 10배나 들어있어요. 다른 버섯에는 거의 없는 비타민 B6도 많아서 피부 건강과 신경 안정에 좋습니다. 특히 수분함량이 88%나 돼서 갈증해소와 탈수증을 막아주고, 몸이 허할 때 먹으면 기력회복에도 좋아요.

❶ 맛타리버섯과 새송이버섯은 결대로 찢는다.

❷ 양파와 당근은 곱게 채 썬다. 으깬 두부에 굵게 간 호두와 저염 된장과 고추장을 넣어 두부 쌈장을 만들어둔다.

❸ 달군 팬에 물을 두르고 양파와 당근을 넣고 볶는다.

❹ 양파와 당근이 거의 익으면 불을 세게 하고 버섯을 볶는다. 소금과 굵은 후춧가루로 간을 한다. 두부 쌈장과 곰취를 곁들여낸다.

현미밥과 부추생선구이 밥상

현미밥 · 모시조개국 · 부추생선구이 · 무생채 · 우엉숙주조림

부추와 양파를 살짝 익혀 씹는 맛을 더한 부추생선구이와 새콤하게 무친 무생채, 담백한 모시조개국이 어우러진 밥상입니다. 산뜻하면서 가볍게 즐길 수 있어요.

369 kcal

나트륨 570mg

30분 밥상 차리기

· 조개 해감하기(1~2시간) · 모든 재료 씻어서 준비 · 모시조개국 끓이기 · 고등어 레몬에 재우기 · 우엉 삶기
· 무생채 만들기 · 우엉에 숙주 넣고 볶기 · 부추와 양파 찌기 · 고등어 익혀 생선구이 완성

모 시 조 개 국 `12kcal`

바다향을 가득 품은 모시조개를 시원하게 우려낸 담백한 국입니다. 모시조개에서 염분이 빠져나오므로 간은 살짝만 해주세요.

재료(2인분)
모시조개	20개
실파	1/2대
다시마	1장
소금	약간
물	2컵

만드는 법
1 모시조개는 소금물에 담가 어두운 곳에서 1~2시간 정도 해감한 후 깨끗이 씻어 헹군다.
2 냄비에 모시조개, 다시마, 물을 넣고 뚜껑을 덮고 끓인다.
3 거품을 걷어낸 후 모시조개가 입을 벌리면 송송 썬 실파를 넣고 소금으로 간을 한 후 불을 끈다.

TIP
조개는 소금물에 담가 충분히 해감해주어야 먹을 때 모래가 씹히지 않습니다.

무 생 채 `14kcal`

매콤새콤한 맛이 일품인 무생채예요. 무를 필러로 얇게 깎아서 양념에 무치면 간도 잘 배고 씹을 때 식감도 훨씬 부드러워진답니다.

재료(2인분)
무	2cm
고춧가루	1/2작은술
식초	4작은술

만드는 법
1 무는 깨끗이 씻어 껍질을 벗긴 후에 필러로 얇게 깎는다.
2 무와 고춧가루, 식초를 넣어 골고루 섞은 후 30분 정도 절인다.

TIP
무 생채를 아삭하게 먹고 싶으면 절이는 시간을 줄이면 됩니다. 취향에 따라 시간을 조절하세요.

부추 생선구이 155kcal

프라이팬에 종이 포일을 깔고 고등어를 구우면 기름기가 쫙 빠져서 훨씬 담백하고 촉촉해요.
부추와 양파 같은 채소를 쪄서 곁들이면 더 맛있게 먹을 수 있습니다.

재료(2인분)

고등어	1/4마리(100g)
부추	40g
양파	1/4개
레몬	1/4개
물	1/4컵

다이어트 TIP

고등어는 다이어트 중에 거칠어질 수 있는 피부에 탄력을 주고, 칼슘이 풍부해 골다공증 예방 효과도 있어요. 등푸른생선은 흰살생선과 비교하면 칼로리는 높지만, 오메가3가 들어 있어서 혈중 콜레스테롤 수치를 감소시켜주고 혈액순환을 원활하게 해줍니다.

① 고등어는 레몬즙을 뿌려 재우고 남은 레몬은 반달 모양으로 썬다. 부추는 깨끗이 씻어 4cm 길이로 썰고, 양파는 얇게 채 썬다.

② 냄비에 종이 포일을 깔고 양파와 부추를 넣고 2분간 찐 후에 꺼낸다.

③ 냄비에 레몬과 고등어를 올리고 물 1/4컵을 넣고 뚜껑을 덮어 익힌다.

④ 고등어가 익으면 뚜껑을 열고 겉면을 노릇하게 익힌 후에 그릇에 담고 찐 부추와 양파를 곁들인다.

35kcal 우엉 숙주 조림

기름을 넣지 않아서 담백하고 씹히는 질감이 좋은 우엉조림입니다.
우엉은 식이섬유소와 올리고당이 풍부해서 장 건강과 다이어트에 효과적이에요.

재료(2인분)

- 우엉 ·················· 30cm
- 숙주 ·················· 100g
- 재래간장 ············· 2작은술
- 올리고당 ············· 1작은술
- 통깨 ··················· 약간

다이어트 TIP

우엉은 식이섬유소가 풍부하여 장 운동을 도와주고 변비를 예방합니다. 또 장을 깨끗하게 해주는 올리고당도 풍부하게 들어 있어요. 우엉의 껍질에는 사포닌이 들어 있어서 혈중 콜레스테롤과 지방을 분해하고 배출하는 데 도움이 줍니다. 요리할 때는 깨끗한 수세미나 칼등을 이용해 껍질을 살짝만 벗겨내는 것이 좋아요.

❶ 우엉은 깨끗이 씻어 어슷하게 썬 다음 가늘게 채 썬다. 숙주는 깨끗이 씻어 다듬어 준비한다.

❷ 냄비에 물을 붓고 우엉을 넣은 후 뚜껑을 덮고 10분간 삶는다.

❸ 우엉이 부드러워지면 숙주, 재래간장, 올리고당을 넣고 5분간 뚜껑을 덮고 익힌다.

❹ 국물이 없어질 때까지 볶아준 후 통깨를 부셔 흩뿌려 준다.

현미밥과 후추소고기구이 밥상

현미밥 · 감자고추장찌개 · 후추소고기구이 · 열무생김치 · 고춧잎된장무침

특별한 간 없이 후춧가루로 풍미를 살린 소고기구이로 차린 저녁 밥상입니다.
감자고추장찌개와 가볍게 담근 열무 생김치로 신선한 맛을 더해보세요.

417 kcal

나트륨 492mg

30분 밥상 차리기

· 모든 재료 씻어서 준비 · 다시마 육수 내기 · 소고기 후추에 재우기 · 열무생김치 만들기 · 고춧잎 데쳐 무치기
· 감자고추장찌개 끓이기 · 소고기 구워서 완성

후추 소고기구이 141kcal

소금간을 하지 않고 후추 향이 밴 고기 자체의 맛을 즐기는 구이입니다. 육즙이 살아 있는 소고기의 맛이 고소해요.

재료(2인분)
소고기(안심스테이크용) ········ 140g
굵은 후춧가루 ············ 1/4작은술
양상추잎 ···················· 4장

만드는 법
1 스테이크용 소고기는 한입 크기로 썬 후 굵은 후춧가루를 뿌려 10분간 재운다.
2 재운 고기를 센 불에서 육즙이 빠져나가지 않도록 재빨리 익힌다.
3 양상추는 깨끗이 씻어 한입 크기로 썬 다음 소고기 구이와 함께 곁들여낸다.

TIP
소고기는 너무 오래 익히면 뻑뻑해지므로 살짝만 익혀내는 것이 좋아요. 취향에 따라 익히는 정도를 조절해주세요.

고춧잎 된장무침 33kcal

저염 된장을 넣어 나트륨 양은 줄이고 고춧잎의 향은 살린 건강한 무침나물입니다.

재료(2인분)
고춧잎 ················ 2줌(100g)
저염 된장 ·············· 2작은술

만드는 법
1 고춧잎은 끓는 물에 데친 후 찬물에 헹구어 물기를 꼭 짠다.
2 데친 고춧잎에 저염 된장을 넣고 골고루 버무려 그릇에 담아낸다.

TIP
고춧잎은 무르지 않도록 살짝만 데쳐야 씹히는 맛이 좋습니다.

감자고추장찌개 61kcal

고추장과 풋고추를 넣어 담백하면서도 칼칼하게 먹을 수 있는 고추장찌개입니다.
고추장찌개에 고춧가루를 같이 넣어주면 칼로리와 나트륨 양을 줄일 수 있어요.

재료(2인분)

감자 · · · · · · · · · · · · · · · · · 2/3개(100g)
양파 · 1/4개
풋고추 · 1개
고추장 · · · · · · · · · · · · · · · · · · · 2작은술
고춧가루 · · · · · · · · · · · · · · · · · 1작은술

육수 재료
다시마 · 2장
물 · 2컵

다이어트 TIP

고추장은 만들 때 쌀가루나 밀가루가 들어가기 때문에 생각보다 칼로리가 높은 편입니다. 그에 비해 고춧가루는 짠맛이 없으면서도 매운맛을 줄 수 있어 칼로리와 나트륨을 줄이는 데 도움을 줍니다. 매운맛을 낼 때 고추장에 고춧가루를 적당량 섞어주면 고추장의 텁텁한 맛도 줄이고 칼로리도 낮출 수 있어요.

❶

감자와 양파는 깍둑썰기하고, 풋고추는 어슷하게 썰어둔다.

❷

냄비에 다시마를 넣고 10분 정도 끓인 후 육수가 우러나면 감자와 양파, 고춧가루를 넣고 다시 끓인다.

❸

채소가 익으면 고추장과 풋고추를 넣고 한소끔 더 끓여낸다.

29kcal 열무 생김치

가볍게 절여서 먹는 저염식 생김치입니다.
짠맛이 강한 젓갈 대신 간장을 사용해서 깔끔한 맛이 돋보여요.

재료(2인분)

열무	140g
홍고추	1개
고춧가루	1/4작은술
다진 생강	1작은술
쌀밥	1큰술
물	1컵
재래간장	1작은술

다이어트 TIP

김치는 발효식품으로 몸에는 좋지만 소금에 오랫동안 절여 만들기 때문에 나트륨 함유량이 높아요. 먹을 때 양념을 걷어내거나 씻은 후 찬물에 담가서 짠맛을 빼고 요리하면 칼로리와 나트륨 섭취량을 줄일 수 있어요. 또 소금에 절이는 김치보다는 그때그때 겉절이를 해먹으면 좋아요.

❶ 열무는 깨끗이 씻어 4cm 길이로 썰고, 홍고추는 어슷하게 썬다.

❷ 쌀밥과 물을 넣고 끓인 후 고춧가루, 다진 생강, 재래간장과 함께 골고루 섞어 믹서에 갈아준다.

❸ 1과 2를 골고루 섞어 1시간 정도 절인다.

현미밥과 양파소스고등어구이 밥상

현미밥 · 들깨버섯국 · 양파소스고등어구이 · 피망잡채 · 연근조림

익힌 양파의 달콤한 맛이 더해진 촉촉한 고등어구이와
들깨를 넣어 고소한 버섯국이 잘 어우러지는 밥상입니다.
씹히는 맛이 좋은 연근과 피망 더해 건강 밥상을 차려보세요.

486 kcal
나트륨 529mg

30분 밥상 차리기

모든 재료 씻어서 준비
고등어 레몬에 재우기
연근 데쳐서 삶기
고등어 굽기
양파 볶아서 고등어구이 완성
연근조림 만들기
표고버섯 볶아서 육수 내기
피망잡채 만들기
들깨버섯국 완성

피망 잡채 33kcal

비타민이 풍부한 피망의 아삭하게 씹히는 맛이 살아 있는 잡채입니다. 기름 대신 물을 넣고 볶아주면 칼로리도 낮추고 훨씬 담백해져요.

재료(2인분)

청홍피망	1개씩
양파	1/4개
재래간장	1/2작은술
올리고당	1/2작은술
물	4큰술

만드는 법

1. 피망은 깨끗이 씻어 0.3cm 두께로 채 썰고, 양파도 비슷한 굵기로 채 썬다.
2. 달군 프라이팬에 물을 넣은 후 양파를 넣고 투명해질 때까지 볶아준다. 양파가 투명해지면 피망을 넣은 다음 뚜껑을 덮고 약한 불에서 3분 정도 뜸을 들인다.
3. 2에 재래간장과 올리고당을 넣고 골고루 섞어준다.

TIP
피망을 볶을 때는 색이 변하지 않도록 살짝 익혀줘야 씹히는 맛과 식감이 살아납니다.

연근 조림 65kcal

양념의 양을 줄여서 담백하고 깔끔한 맛을 살린 아삭한 연근 조림입니다.

재료(2인분)

연근	1/2개(120g)
재래간장	1작은술
조청	1큰술
식초	1/2작은술
통깨	약간

만드는 법

1. 연근은 껍질째 깨끗이 씻은 후 0.3cm 두께로 썰어 식초를 넣은 끓는 물에 넣고 데친다.
2. 연근을 건져서 냄비에 담고 연근보다 3cm 정도 위로 올라오도록 물을 부은 후 20분 정도 끓인다.
3. 연근이 부드러워지면 재래간장과 조청을 넣고 국물이 2큰술 정도 남을 때까지 약한 불에서 은근하게 졸여준다.
4. 완성된 연근 위에 통깨를 뿌려낸다.

들깨버섯국 63kcal

들깨와 들기름을 넣어 은은하게 풍기는 향이 좋은 버섯국입니다.
들기름에 볶은 표고버섯과 다시마로 육수를 만들어서 더 감칠맛이 살아있어요.

재료(2인분)

말린 표고버섯 슬라이스	10개(4g)
팽이버섯	30g
청홍고추	약간
들기름	2작은술
들깻가루	1작은술
다시마	1개
소금	약간
물	2컵

다이어트 TIP

버섯은 칼로리가 매우 낮아서 많이 먹어도 살이 찌지 않는 착한 식품이에요. 또 향이 강해서 양념을 적게 해도 맛있게 먹을 수 있고, 씹는 감촉이 있기 때문에 포만감을 느낄 수 있답니다. 버섯류에는 식이섬유소가 많이 들어 있어서 변비를 예방해주고, 탄수화물과 지방의 대사를 활발하게 해주는 비타민 B군도 풍부합니다.

❶ 말린 표고버섯을 들기름을 두른 팬에 넣고 노릇하게 볶는다.

❷ 표고버섯이 노릇해지면 다시마와 물을 넣고, 끓기 시작하면 약한 불에서 10분 정도 더 끓인다.

❸ 표고버섯의 향이 우러나면 한입 크기로 썬 팽이버섯과 들깻가루를 넣고 한소끔 끓여준다.

❹ 마지막으로 청홍고추를 넣어준다.

172kcal 양파 소스 고등어구이

달달한 양파의 맛이 담백한 고등어와 잘 어울리는 구이입니다.
고등어를 레몬에 재워두면 비린내도 잡고 소금간을 대신하는 효과를 볼 수 있어요.

재료(2인분)

- 양파 ········· 1개(150g)
- 고등어 ······· 1/4토막(100g)
- 레몬 ·········· 1/2개
- 정종 ·········· 1큰술
- 물 ············· 2큰술

다이어트 tip

'바다의 보리'라고 불리는 고등어는 뇌 세포 활성물질인 DHA가 풍부하게 들어 있어 성장기 어린이나 수험생, 노약자들에게 아주 좋은 식품이에요. 또 몸에 좋은 불포화지방산인 EPA가 혈중 콜레스테롤 수치를 감소시키고 혈액 순환 및 신진대사에 도움을 줍니다. 나트륨 섭취를 줄이기 위해서는 신선한 생고등어를 고르고, 고등어 자체에 기름이 있으므로 그냥 굽거나 물을 조금 넣고 찌듯 익혀 먹는 것이 좋아요.

❶ 레몬은 반달 모양으로 썰고, 고등어는 길이로 반을 자른 후 정종과 함께 냉장고에서 10분간 재운다.

❷ 재운 고등어와 레몬을 그릴 팬에 구워준다

❸ 양파는 도톰하게 채 썬 후 물 2큰술과 함께 팬에 넣고 약한 불에서 뚜껑을 덮고 숨이 죽을 때까지 노릇하게 익혀준다. 다 익었으면 고등어 위에 올려준다.

브로콜리수프와 두부햄버거 밥상

브로콜리수프 · 두부햄버거와 구운채소 · 키위드레싱샐러드

소화가 잘 되는 두부 햄버거와 그릴에 구운 채소로 차린
칼로리 부담 없는 스테이크 밥상입니다.
생크림 대신 우유를 넣어 담백하고 향이 좋은
브로콜리 수프를 곁들이면 더 맛있어요.

391 kcal
나트륨 435mg

30분 밥상 차리기

모든 재료 씻어서 준비 · 감자, 양파, 브로콜리 넣고 끓이기 · 햄버거 소스 볶아서 끓이기 · 그릴에 채소 굽기
두부햄버거 양념해서 굽기 · 수프 재료 갈아서 우유 넣고 끓이기 · 햄버거 소스 완성 · 키위 드레싱 만들기

브로콜리 수프 `107kcal`

브로콜리, 감자, 양파 등 몸에 좋은 채소가 듬뿍 들어간 깊은 풍미의 수프입니다. 버터와 생크림을 넣지 않아서 더 담백해요.

재료(2인분)

브로콜리	1/2송이(150g)
감자	2/3개(100g)
양파	1/4개(40g)
우유	1컵
소금	약간
굵은 후춧가루	약간
물	1½컵

만드는 법

1. 감자와 양파는 곱게 채 썰고, 브로콜리도 곱게 썬다.
2. 물 1½컵에 감자와 양파, 브로콜리를 넣고 끓인다.
3. 채소가 익으면 믹서에 곱게 간 후 우유를 넣고 한소끔 더 끓인다.
4. 소금과 후춧가루로 간을 해준다.

TIP
감자는 물에 담궈 전분을 빼지 말고, 채소는 씹히는 질감이 살아 있도록 조금 굵게 갈아주세요.

키위 드레싱 샐러드 `64kcal`

키위로 만든 산뜻하면서도 건강한 드레싱을 곁들인 샐러드입니다. 집에서 간단하게 해먹기 좋아요.

재료(2인분)

키위	2개(200g)
샐러드채소	80g
토마토	1/2개(80g)

만드는 법

1. 키위는 껍질을 벗겨 믹서에 곱게 간다.
2. 샐러드채소는 한입 크기로 손질해 깨끗이 씻고, 토마토는 웨지 모양으로 썬다.

TIP
키위는 만들기 직전에 갈아야 분리되거나 갈변되지 않아요.

두부 햄버거와 구운 채소 `220kcal`

소화가 잘 되고 씹히는 맛이 부드러우면서 찰진 두부 햄버거입니다.
토마토와 각종 채소로 만든 토마토 소스는 다른 요리에 활용해도 좋아요.
그릴에 구운 채소에는 발사믹 식초를 곁들여보세요.

구운 채소 39kcal

재료(2인분)
- 양파 ············ 1/4개(40g)
- 주키니호박 ········ 1/3개(140g)
- 가지 ············ 1/2개(60g)
- 발사믹 식초 ······· 1큰술

만드는 법
1. 양파와 주키니호박, 가지는 0.5cm 두께로 썬다.
2. 손질한 채소를 그릴 팬이나 마른 프라이팬에 앞뒤로 노릇하게 구워 익힌 후에 발사믹 식초를 뿌려준다.

두부 햄버거 181kcal

재료(2인분)
- 두부 ············ 1모(200g)
- 다진 양파 ········ 1큰술
- 다진 당근 ········ 1큰술
- 다진 셀러리 ······· 1큰술
- 밀가루 ··········· 1큰술
- 달걀 ············ 1/4개

토마토 소스 재료
- 토마토 ··········· 1개(150g)
- 양파 ············ 1/4(40g)
- 셀러리 ··········· 20g
- 피망 ············ 30g
- 당근 ············ 40g
- 우스터 소스 ······· 2큰술
- 올리고당 ········· 1큰술
- 물 ·············· 1/4컵

TIP 햄버거 재료는 최대한 잘게 다져야 씹히는 맛이 부드럽고 서로 겉돌지 않습니다.

❶ 두부는 키친타월로 물기를 제거한 후 칼로 으깬다.

❷ 으깬 두부에 다진 양파, 당근, 셀러리, 밀가루, 달걀을 넣고 골고루 버무려 반죽을 만든다.

❸ 반죽을 스테이크 모양으로 만든 후 달군 팬에 기름을 살짝 바른 후 노릇하게 구워준다.

❹ 토마토와 채소를 다진 후에 물을 두른 프라이팬에 골고루 볶아준다. 채소가 익으면 우스터 소스와 올리고당을 넣고 골고루 섞어 소스를 완성한다.

현미팥밥과 파채닭안심살구이 밥상

현미팥밥 · 고춧가루콩나물국 · 파채닭안심살구이 · 노각생채 · 두부김무침

살짝 익힌 파를 올린 닭안심살구이와 두부를 넣은 김무침으로 차린 저녁 밥상입니다.
시원한 콩나물국과 상큼한 노각생채를 곁들여 채소 섭취량까지 신경 썼어요.

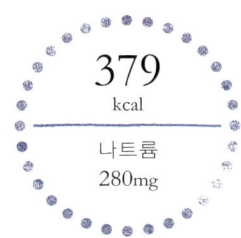

379 kcal

나트륨 280mg

🕐 30분 밥상 차리기

· 모든 재료 씻어서 준비 · 파 채 썰어 얼음물에 담그기 · 닭안심살 레몬에 재우기 · 두부 으깨고 청경채 데치기
· 마른 김 굽기 · 두부김무침 완성 · 파채닭안심살구이 만들기 · 콩나물국 올리기 · 노각생채 만들기 · 콩나물국 간하기

고춧가루 콩나물국 20kcal

다시마나 멸치 없이 콩나물만을 넣어 담백하게 끓인 국입니다. 고춧가루로 칼칼한 맛을 더해 부족한 간을 보충해보세요.

재료(2인분)

콩나물	100g
고춧가루	1/2작은술
다진 마늘	1/2작은술
실파	1/2대
물	2컵

만드는 법

1 콩나물은 깨끗이 씻은 후 분량의 물과 함께 냄비에 넣고 끓인다.
2 끓기 시작하면 불을 줄이고 다진 마늘과 고춧가루를 넣고 익을 때까지 10분 정도 더 끓인다.
3 콩나물국이 완성되면 실파를 송송 썰어 위에 올리고 소금으로 간을 해서 그릇에 담아낸다.

TIP

콩나물을 끓일 때는 처음부터 뚜껑을 열고 끓이거나 다 익을 때까지 뚜껑을 닫고 끓여야 비린내가 나지 않습니다.

두부 김무침 53kcal

고소한 두부와 아삭하고 청량감이 뛰어난 청경채, 김의 감칠맛이 어우러진 별미 무침요리입니다.

재료(2인분)

두부	1/2모(100g)
청경채	2개(80g)
마른 김	2장
재래간장	1/2작은술
통깨	1/2작은술

만드는 법

1 두부는 한번 헹군 다음 키친타월로 눌러 물기를 뺀 후 칼로 곱게 으깬다.
2 청경채는 깨끗이 씻어 끓는 물에 밑동부터 넣어 데친 후 물기를 꼭 짜고 송송 썬다.
3 김은 마른 프라이팬에 구운 후 비닐봉지에 넣어 곱게 부순다.
4 볼에 두부와 청경채, 김을 담고 재래간장을 넣어 골고루 무쳐낸다. 마지막에 통깨를 부셔 넣는다.

TIP

청경채를 데칠 때는 밑동부터 넣고 익혀야 균일하게 데쳐져요.

파채 닭안심살 구이 140kcal

레몬즙과 후춧가루로 간을 한 닭안심살에 식감을 돋워주는 파채를 곁들여보세요.
파채를 함께 곁들이면 살짝 볶은 파의 향과 달달함이 은은하게 배어 나와서 더욱 맛있습니다.

재료(2인분)

닭안심살	4쪽(110g)
레몬	1/2개
굵은 후춧가루	1/4작은술
파 20cm	1개

다이어트 TIP

파는 한국요리에 빠지지 않는 대표 향신료입니다. 매운맛을 내는 알리신 성분이 들어 있어서 혈액순환을 도와주고 몸을 따뜻하게 해주어 다이어트에 효과적이에요. 또 파의 녹색 부분에는 칼륨이 풍부해서 나트륨 배출을 도와줍니다.

❶ 파는 반으로 갈라 가운데 속대는 버리고 반으로 접어 곱게 채 썬 후 얼음물에 담가 둔다.

❷ 닭안심살은 어슷하게 썰어 레몬과 굵은 후춧가루에 재운다.

❸ 팬에 물을 두른 후에 닭안심살을 퍽퍽하지 않도록 적당히 익힌다.

❹ 닭안심살이 익으면 파채를 넣고 골고루 살짝 볶아준다.

20kcal 노 각 생 채

늙은 오이인 노각은 수분이 많아서 갈증해소와 피로회복에 좋아요.
칼로리도 오이의 1/3정도로 낮아서 다이어트에도 그만이랍니다.

재료(2인분)

노각 ················· 1/2개(200g)
다진 생강 ············· 1/2작은술
고추장 ··············· 2작은술
식초 ················· 4작은술
통깨 ················· 1/2작은술

다이어트 TIP

오이는 수분 함량이 95% 이상인 대표적인 다이어트 식품입니다. 특히 이뇨작용을 도와주어 다이어트 중에 몸이 붓는 것을 막아주고, 칼륨이 풍부해서 몸속 노폐물과 나트륨 배출에도 효과적입니다.

❶ 노각은 깨끗이 씻어 껍질을 벗긴 후 숟가락으로 씨를 제거한다.

❷ 속을 파낸 노각을 얇게 편으로 썬다.

❸ 편 썬 노각에 다진 생강, 고추장, 식초를 넣고 골고루 섞어준 후 통깨를 부셔낸다.

현미밥과 미나리두부볶음 밥상

현미밥 · 김치국 · 미나리두부볶음 · 애호박건새우나물 · 양배추겉절이

칼륨이 풍부해서 나트륨 배출을 도와주는 미나리로 만든
미나리두부볶음은 저염식에 특히 잘 어울리는 요리예요.
오랫동안 끓여 시원한 맛이 나는 김치국과 애호박건새우나물도 곁들여보세요.

353 kcal

나트륨 614mg

30분 밥상 차리기

모든 재료 씻어서 준비
김치국 올리기
미나리두부볶음 만들기
애호박나물 만들기
양배추 겉절이 만들기
김치국에 파 넣어 완성

김치국 18kcal

속양념을 걷어낸 김치로 끓인 저염식 김치국입니다. 김칫국을 오래 끓여주면 국물 맛이 좋아지면서 김치 안의 염분이 빠져나와 따로 소금간을 하지 않아도 간이 맞아요.

재료(2인분)
김치 ················ 80g
파 ················ 10cm
멸치(국거리용) ········ 10마리
다시마 ·············· 2개
물 ················· 2컵

만드는 법
1 김치는 속양념을 걷어낸 후 깨끗이 씻어 2cm 폭으로 썰고, 파는 송송 썬다.
2 냄비에 분량의 물과 멸치, 다시마, 김치를 넣고 국을 끓인다. 끓기 시작하면 불을 줄이고 15분 정도 더 끓여준다.
3 김치에서 맛이 우러나오면 송송 썬 파를 넣고 5분 정도 더 끓인 후 그릇에 담아낸다.

TIP
김치의 줄기 부분을 사용하면 훨씬 시원한 맛을 낼 수 있어요.

양배추겉절이 39kcal

양배추의 아삭하게 씹히는 맛이 좋은 겉절이에요. 소금 대신 굵은 후춧가루나 통후추를 갈아 넣으면 후추의 향이 부족한 간을 보충해주고 식감을 돋워줍니다.

재료(2인분)
양배추잎 ············ 8장(200g)
식초 ················ 4작은술
굵은 후춧가루 ········· 1작은술

만드는 법
1 양배추는 깨끗이 씻어 0.5cm 폭으로 채 썬다.
2 양배추와 식초, 굵은 후춧가루를 골고루 섞어 10분간 재워준다.

TIP
식초 대신 레몬즙을 사용하면 더 상큼한 맛을 낼 수 있어요.

미나리 두부 볶음 99kcal

두부의 식물성 단백질을 섭취하면서 담백한 맛을 즐기도록 간을 조절한 요리예요.
미나리는 칼륨이 풍부해서 나트륨 배출에 도움을 주고 특유의 향이 입맛을 돋웁니다.

재료(2인분)

미나리	16대(160g)
두부	1모(200g)
양파	1/4개
재래간장	1/2큰술

다이어트 TIP

양파 안에 들어 있는 유화프로필 성분은 우리 몸에 불필요한 젖산과 콜레스테롤, 체지방을 녹여주어서 다이어트에 효과적이에요. 양파는 당분과 비타민이 풍부한 반면 단백질이 부족하므로 단백질 식품과 함께 조리하면 좋습니다. 고기요리에 넣어 누린내를 없애거나 기름기가 많은 음식에 곁들여보세요.

❶ 미나리는 깨끗이 씻어 6cm 길이로 썰고, 두부는 손가락 굵기로 썬다. 양파는 굵게 채 썬다.

❷ 달군 냄비에 물을 두른 후 양파를 넣고 투명해질 때까지 볶아준다.

❸ 양파가 투명해지면 두부와 미나리를 넣고 골고루 볶아준다.

❹ 미나리가 파랗게 익으면 재래간장을 넣고 골고루 섞어준다.

44kcal 애호박 건새우나물

달달한 애호박과 말린 새우의 고소한 맛이 잘 어울리는 나물 반찬이에요.
소금간을 대신하는 건새우는 충분히 볶아주어야 고소한 맛이 납니다.

재료(2인분)

- 애호박 ············· 1/2개(140g)
- 건새우 ····················· 3큰술
- 마늘 ························· 1개
- 물 ·························· 2큰술

다이어트 TIP

호박에는 칼륨이 다량 함유되어 있어 체내에 쌓인 나트륨을 배출시키는 데 효과적이에요. 또 3대 항산화 비타민인 베타카로틴, 비타민 C, 비타민 E가 풍부해서 암을 예방해주는 효과가 있고, 혈관의 노화를 방지해줍니다.

❶ 애호박은 길이로 반을 자른 후에 0.3cm 두께로 썰고, 마늘은 편으로 썬다.

❷ 달군 팬에 건새우를 넣고 노릇하게 달달 볶아준다.

❸ 건새우가 노릇해지면 애호박과 마늘을 넣은 다음 물 2큰술을 넣어준다. 호박이 익을 때까지 볶아준 후 그릇에 담아낸다.

현미밥과 토마토치킨커리 밥상

현미밥·토마토치킨커리·모듬콩조림·오이피클

토마토가 듬뿍 들어간 토마토치킨커리에 콩조림을 곁들인 초간단 저녁 밥상입니다.
상큼한 오이피클을 곁들이면 더 맛있어요.

552 kcal
나트륨 433mg

30분 밥상 차리기

· 콩 불리기(하루 전날) · 모든 재료 씻어서 준비 · 모듬콩 삶기 · 오이피클 만들기 · 커리 재료 썰어서 볶기
· 카레가루와 물 넣고 끓이기 · 모듬콩 양념해서 조리기 · 커리에 현미밥 곁들여 완성

모듬콩조림 126kcal

익힌 콩의 고소하면서도 부드럽게 씹히는 맛이 좋은 요리입니다. 매콤한 맛을 좋아하면 청양고추나 고춧가루를 조금 넣어도 좋아요.

재료(2인분)
- 모듬콩(강낭콩, 검은콩 등) ····· 1/3컵
- 재래간장 ····· 1작은술
- 올리고당 ····· 2큰술

만드는 법
1. 콩은 모두 하룻밤 동안 불린다.
2. 냄비에 불린 콩을 넣고 물을 충분히 부은 후 푹 삶는다.
3. 콩이 충분히 익으면 재래간장과 올리고당을 넣고 골고루 섞어준다.

오이피클 16kcal

커리의 매운맛을 중화시켜주는 새콤한 피클입니다. 오이 대신 양파나 파프리카 등 집에 있는 재료들을 섞어도 좋아요.

재료(2인분)
- 오이 ····· 1개(200g)
- 식초 ····· 2큰술
- 올리고당 ····· 1/2작은술

만드는 법
1. 오이는 깨끗이 씻어 0.5cm 두께로 썬다.
2. 식초, 올리고당을 골고루 섞은 후 오이와 함께 버무린다.

토마토 치킨 커리 410kcal

토마토의 새콤함과 단호박의 달콤함, 닭고기의 담백한 맛이 잘 어우러지는 커리입니다.
각종 채소가 풍부하게 들어가서 카레가루를 조금만 넣어도 풍미가 좋아요.

재료(2인분)

토마토 ················ 4개(600g)	카레가루 ················ 1큰술
단호박 ················ 1/8개(120g)	올리브유 ················ 1큰술
양파 ················ 1/4개(40g)	현미밥 ················ 1/2공기(100g)
주키니호박 ················ 4cm(70g)	물 ················ 1/2컵
닭안심살 ················ 4쪽(120g)	

다이어트 TIP

토마토는 한 개가 20kcal 정도로 칼로리가 아주 낮은 대표적인 다이어트 식품입니다.
토마토에는 미네랄과 펙틴 성분이 풍부해서 포만감이 들고 쉽게 공복감이 들지 않는 특징이 있어요. 또 식이섬유소가 풍부해서 변비를 없애주고 혈중 콜레스테롤 수치를 낮춰 비만을 예방하는 효과가 있습니다.

❶ 단호박, 양파, 주키니호박, 닭안심살은 모두 깍둑썰기 한다.

❷ 토마토는 큼직하게 깍둑썰기한다.

❸ 프라이팬에 올리브유를 두른 후 재료를 모두 넣고 센 불에서 호박의 겉면이 노릇해지도록 볶아준다.

❹ 물 1/2컵과 카레가루를 넣고 골고루 섞은 후 뚜껑을 덮고 푹 익혀준다. 완성된 커리에 현미밥을 곁들인다.

현미팥밥과 소고기곤약볶음 밥상

현미팥밥 · 우엉국 · 소고기곤약볶음 · 깻잎조림 · 와사비날치알샐러드

곤약을 넣어 칼로리는 낮추면서 포만감은 높인 소고기볶음과
깔끔한 맛을 살린 날치알샐러드로 차린 가벼운 저녁 밥상입니다.

353 kcal

나트륨 515mg

30분 밥상 차리기
- 모든 재료 씻어서 준비
- 우엉 볶아서 끓이기
- 소고기곤약볶음 만들기
- 깻잎조림 만들기
- 날치알샐러드 만들기
- 우엉국에 파 넣고 간하기

우엉 국 45kcal

우엉 특유의 향에 들기름의 고소함을 가미한 국입니다. 우엉의 맛이 충분히 우러나도록 오랫동안 끓여주어야 맛이 더 좋아요.

재료(2인분)
우엉 …………………… 40g
파 ……………………… 10cm
들기름 ………………… 1/2큰술
물 ……………………… 2컵

만드는 법
1. 우엉은 껍질째 깨끗이 씻은 후 어슷하게 자른다. 파도 어슷하게 자른다.
2. 달군 냄비에 들기름을 두른 후 우엉을 넣고 노릇하게 볶아준다.
3. 우엉이 노릇해지면 물 2컵을 넣고 10분 정도 우엉이 무르도록 끓인 후 맛이 우러나면 파를 넣고 5분 간 더 끓여준다.

TIP
우엉은 미리 손질하면 색이 변하고, 물에 담가 보관하면 특유의 향과 맛이 빠져나가므로 조리하기 직전에 손질해주세요.

와사비 날치 알 샐러드 15kcal

와사비의 톡 쏘는 향이 날치 알의 비린 맛을 잡아주는 샐러드입니다. 짭짭할 날치 알만으로 간이 충분하고 간단하게 만들어 먹기에 좋아요.

재료(2인분)
미즈나 ………………… 60g
날치 알 ………………… 1큰술
와사비 ………………… 1작은술
레몬즙 ………………… 1작은술

만드는 법
1. 날치 알은 레몬즙을 뿌려 재우고, 미즈나는 깨끗이 씻어 5cm 길이로 썬다.
2. 와사비와 날치 알을 골고루 섞은 후 미즈나 위에 뿌려낸다.

TIP
미즈나를 구하기 어려우면 치커리나 양상추 등 부드럽고 쓴맛이 약한 샐러드채소를 이용하면 됩니다.

소고기 곤약 볶음 `128kcal`

저칼로리 식재료인 곤약을 넣어 포만감은 높이고 칼로리는 낮춘 소고기 볶음이에요.
오이의 아삭하게 씹히는 맛과 소고기의 감칠맛이 잘 어우러지는 담백한 요리입니다.

재료(2인분)

실곤약	100g
채 썬 소고기	100g
오이	1/2개
재래간장	1작은술
다진 마늘	1/4작은술
올리브유	1/4작은술
굵은 후춧가루	1/8작은술

다이어트 TIP

구약나물의 알줄기를 가공해 만든 곤약은 100g당 9kcal로 칼로리가 매우 낮아 다이어트할 때 빼놓을 없는 식품으로 알려져 있어요. 수분과 식이섬유소로 구성되어 있어 부드럽게 장을 자극해 배변활동을 도와줍니다. 주의할 것은 칼로리가 거의 없는 만큼 영양성분도 없다는 점이에요. 곤약을 먹을 때는 영양성분이 풍부한 다른 식품과 반드시 함께 섭취하도록 하세요.

①
오이는 반을 갈라 어슷하게 썬다.

②
달군 팬에 다진 마늘과 올리브유를 넣고 볶다가 향이 우러나면 실곤약과 오이, 소고기를 넣고 골고루 볶아준다.

③
재래간장을 넣고 맛이 배도록 3분간 볶아준 후 굵은 후춧가루를 뿌려 골고루 섞어준다.

19kcal 깻잎조림

깻잎과 고추의 향이 잘 어우러지는 짜지 않은 조림입니다.
부드러운 식감을 위해 너무 억세지 않은 깻잎으로 조리하세요.

재료(2인분)

깻잎	20장
통깨	약간

양념장 재료

재래간장	1작은술
올리고당	1작은술
청홍고추	1/2개씩
물	1/4컵

다이어트 TIP

깻잎은 안토시아닌, 플라본 등 안토시아닌계 색소가 많이 함유되어 있는 강력한 항산화식품 중 하나입니다. 또 비만 관련 지방세포의 분화를 막고, 지방세포 축적 유전자를 억제하는 효과도 있는 것으로 알려져 있어요. 무엇보다 향긋한 향이 좋아서 요리를 할 때 사용하면 양념의 양을 줄일 수 있고 칼로리도 낮출 수 있답니다. 칼륨과 칼슘 등의 무기질도 풍부해서 몸 안에 축적된 나트륨을 배출하는 데 효과적이에요.

❶ 재래간장, 올리고당, 다진 청홍고추, 물을 넣고 골고루 섞어 양념장을 만든다.

❷ 냄비에 깻잎을 한 장씩 깔고 그 위에 양념장을 골고루 발라준다.

❸ 아주 약한 불에서 뚜껑을 덮고 10분간 쪄준 후 깨를 살짝 뿌려준다.

죽 순 해 물 밥

아삭하게 씹히는 죽순과 해물의 탱글탱글함이 잘 어울리는 영양밥입니다.
향이 좋은 미나리 양념장을 곁들여 해물의 잡내도 잡고 신선함을 더해보세요.

197 kcal

나트륨 398mg

재료(2인분)

- 죽순 · · · · · · · · · · · · · · · · · 130g
- 칵테일새우 · · · · · · · · · · · · · 8개
- 오징어 · · · · · · · · · · · · · · · 1/2마리
- 현미 · · · · · · · · · · · · · · · · · 1/3컵
- 물 · · · · · · · · · · · · · · · · · · 2/3컵

양념장 재료

- 미나리 · · · · · · · · · · · · · · · · 3대
- 재래간장 · · · · · · · · · · · · · 1작은술
- 통깨 · · · · · · · · · · · · · · · 2/3작은술

미나리 대신 쑥갓이나 깻잎 같은 향이 좋은 채소를 사용해도 됩니다.

현미는 깨끗이 씻어 8시간 이상 충분히 불리고, 죽순과 새우, 오징어는 모두 한 입 크기로 썰어 준비한다.

불린 현미에 준비한 해물을 넣고 물 2/3컵을 부은 후 밥을 짓는다.

미나리는 깨끗이 씻어 송송 썬다.

재래간장과 미나리를 함께 섞어 양념장을 만든 후 통깨를 뿌린다. 완성된 죽순해물밥 위에 양념장을 곁들인다.

블루베리샐러드와 사과요거트드레싱

신선한 샐러드채소와 몸에 좋은 블루베리, 고소한 견과류로 만든 신선함이 가득한 샐러드예요.
사과와 플레인요거트를 섞은 새콤달콤한 천연 드레싱의 곁들이면 더욱 맛있어요.

201
kcal

나트륨
7.8mg

재료(2인분)

샐러드채소 ·················· 100g
블루베리 ···················· 50g
견과류(호두와 잣) ············ 30g

사과요거트 드레싱 재료

플레인요거트 ················ 1/2컵
사과 ························ 1/2개

TIP
냉동 블루베리는 해동시켜 사용하세요.
사과 대신 감이나 파인애플 등 좋아하는 과일을 섞어도 좋습니다.

사과 반쪽과 플레인요거트는 믹서에 곱게 갈아 드레싱을 만든다.

호두와 잣은 마른 팬에서 노릇하게 볶아준다.

블루베리는 깨끗이 씻어 물기를 빼고, 샐러드채소는 깨끗이 씻어 한입 크기로 손질한다.

그릇에 모든 재료를 담은 후 드레싱을 곁들여낸다.

표고버섯채소밥

배추의 달달한 맛과 표고버섯의 향이 살아 있는 영양밥입니다.
칼로리도 낮고 채소가 듬뿍 들어가서 한 그릇으로도 충분히 포만감을 느낄 수 있어요.

재료(2인분)

당근	1cm
배추잎	6장
건표고버섯	2개(4g)
다시마	2장
현미	1/3컵
물	1/2컵

양념장 재료

실파	2대
재래간장	1작은술
통깨	1/4작은술

표고버섯은 따뜻한 물에 불려서 채 썰고, 당근은 잘게 다진다. 배추잎은 0.5cm 두께로 채 썬 후 반으로 자른다.

8시간 이상 충분히 불린 현미에 배추잎, 당근, 표고버섯, 다시마를 넣고 물 1/2컵을 부은 후 밥을 짓는다.

송송 썬 실파에 재래간장, 통깨를 섞어 양념장을 만든다. 완성된 표고버섯 채소밥 위에 양념장을 곁들여 비벼 먹는다.

베이컨야키니쿠덮밥

간장 대신 발사믹 식초로 간을 해서 나트륨 양을 줄인 일본식 덮밥입니다.
약간 매운맛이 도는 꽈리고추와 상추의 신선함이 살아 있어 더욱 맛있게 먹을 수 있어요.

267 kcal

나트륨 200mg

재료(2인분)

- 베이컨 ················ 60g
- 새송이버섯 ············ 1개
- 꽈리고추 ·············· 8개
- 양파 ················ 1/4개
- 상추 ·················· 8장
- 다진 마늘 ··········· 1작은술
- 올리고당 ············ 1작은술
- 굵은 후춧가루 ····· 1/4작은술
- 발사믹 식초 ·········· 2큰술
- 현미밥 ············· 2/3공기

TIP 석쇠 대신 뜨겁게 달군 프라이팬에서 물기가 생기지 않도록 빠르게 볶아도 됩니다.

베이컨은 한입 크기로 썰고, 새송이버섯은 납작하게 썬다. 양파는 채 썰고, 꽈리고추는 3등분한다.

상추는 깨끗이 씻어 한입 크기로 손질해 물기를 빼둔다.

후춧가루와 다진 마늘, 올리고당을 넣고 1의 베이컨과 채소를 골고루 버무려 양념한다.

석쇠에 3을 올리고 센 불에서 빠르게 익혀준다. 현미밥 위에 상추와 4를 올린 후 발사믹 식초를 함께 곁들인다.

훈제연어샐러드와 양파드레싱

훈제연어의 독특한 맛이 살아 있는 샐러드에 씹히는 맛이 좋은 양파 드레싱을 곁들여보세요.
미니 파프리카, 아스파라거스 등 좋아하는 채소를 구워서 함께 차리면 가벼운 한 끼 식사가 완성됩니다.

196 kcal

나트륨 284mg

재료(2인분)

훈제연어 ·················· 4조각(66g)
레몬 ························ 2쪽
아스파라거스 ············ 5개(100g)
삼색 미니 파프리카 ····· 2개씩(20g)

양파 드레싱 재료

양파 ························· 1/2개
굵은 후춧가루 ············ 1/4작은술
식초 ························· 2큰술
올리고당 ···················· 1작은술

TIP
양파 드레싱은 미리 만들어서 하룻밤 정도 재워두면 더 맛있어요.
그릴팬 대신 잘 달군 프라이팬에 기름을 두르지 않고 구워도 됩니다.

훈제연어는 키친타월로 눌러 기름기를 뺀 후 레몬과 함께 재워 비린내를 제거한다.

미니 파프리카는 2등분하고, 아스파라거스도 비슷한 크기로 잘라준다.

양파와 식초, 올리고당, 굵은 후춧가루를 믹서에 넣고 아주 곱게 갈아준다.

그릴팬에서 아스파라거스와 미니 파프리카를 노릇하게 구워준다. 구운 채소와 훈제연어를 담고 양파 드레싱을 곁들인다.

두부양념장콩나물밥

고소한 콩나물의 씹히는 맛이 일품인 영양밥입니다. 손쉽게 구할 수 있는 재료로 간단하게 만들 수 있어요.
고추를 넣어 매콤함을 살린 두부 양념장과 함께 비벼 먹으면 콩나물의 고소한 맛이 더욱 진해집니다.

139 kcal

나트륨 186mg

재료(2인분)

- 콩나물 · · · · · · · · · · · · · · · · · · 100g
- 현미 · · · · · · · · · · · · · · · · · · · 1/3컵
- 물 · 1/3컵

두부 양념장 재료

- 두부 · · · · · · · · · · · · · · · · · · · 50g
- 풋고추 · · · · · · · · · · · · · · · · · · 1개
- 홍고추 · · · · · · · · · · · · · · · · · · 1개
- 재래간장 · · · · · · · · · · · · · · · · 1작은술

TIP 콩나물에서 물이 생기므로 물의 양은 평소의 80% 정도만 넣습니다.

8시간 이상 충분히 불린 현미를 냄비에 넣은 다음 콩나물과 물 1/3컵을 넣고 뚜껑을 덮어 밥을 짓는다.

두부는 키친타월로 물기를 제거한 후 칼로 곱게 으깬다.

풋고추와 홍고추는 곱게 다진다.

다진 두부와 청홍고추를 골고루 섞은 후 재래간장을 넣어 양념한다. 완성된 콩나물밥과 함께 곁들여 비벼 먹는다.

연근우엉밥

몸에 좋은 뿌리채소 연근과 식감이 독특한 얼린 두부를 넣은 밥으로 식이섬유소가 풍부한 영양밥입니다.
오래 씹을 수 있도록 채소를 조금 굵게 다지는 것이 포인트에요.

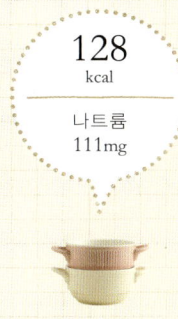

128 kcal

나트륨 111mg

재료(2인분)

- 연근 ········· 4cm
- 우엉 ········· 5cm
- 당근 ········· 1/10개
- 언두부 ······· 100g
- 현미 ········· 1/3컵
- 물 ·········· 1/2컵

양념장 재료

- 미나리 ······· 2개
- 저염 된장 ····· 2작은술

TIP 취향에 따라 양념장에 된장 대신 고추장을 섞어도 좋아요.

현미는 깨끗이 씻어 8시간 이상 불리고, 연근, 우엉, 당근은 모두 깨끗이 씻은 후 굵게 다진다.

언두부는 해동시켜 물기를 꼭 짠 후 굵게 채 썬다.

불린 현미에 다진 채소와 언두부를 넣고 물 1/2컵을 부어 밥을 짓는다.

저염 된장과 송송 썬 미나리를 골고루 섞어 양념장을 만든다.

새우샐러드와 파인애플드레싱

고단백 저지방 식품인 새우에 새콤달콤한 파인애플 드레싱을 뿌려먹는 샐러드에요.
집에 있는 재료로 손쉽게 만들 수 있어 더 좋은 다이어트 샐러드입니다.

110 kcal

나트륨 129mg

재료(2인분)

- 파인애플 ·········· 200g
- 샐러드채소 ········ 100g
- 양파 ············· 1/4개
- 칵테일새우 ········ 20개
- 레몬 슬라이스 ····· 1/4개

파인애플을 냉동실에 얼렸다 갈면 슬러시처럼 시원하고 상큼해요.

파인애플은 깍뚝썰기하여 냉동실에서 1시간 정도 얼린 다음 믹서에 넣고 곱게 간다.

샐러드채소는 깨끗이 씻어 먹기 좋은 크기로 손질해 둔다.

양파는 곱게 채 썰어 차가운 물에 담가 매운맛을 제거한 후 체에 밭쳐 물기를 빼둔다.

새우는 레몬이나 식초를 넣은 끓는 물에 넣어 살짝 데친다. 그릇에 샐러드 채소와 양파, 칵테일새우를 올린 후 파인애플 드레싱을 곁들인다.

주꾸미 샐러드와 와사비두부드레싱

피로회복에 좋은 타우린 성분이 풍부한 저칼로리 식재료 주꾸미를 이용한 샐러드입니다.
고소한 두부와 매콤한 와사비의 맛이 절묘하게 어우러진 드레싱을 뿌려주면 더욱 색다른 맛으로 즐길 수 있어요.

154
kcal

나트륨
428mg

재료(2인분)

마 · 140g
셀러리 · · · · · · · · · · · · · · · · · 1대(80g)
주꾸미 · · · · · · · · · · · · · 4마리(270g)
레몬 슬라이스 · · · · · · · · · · · · · · 1/4개

와사비 두부 드레싱 재료

두부 · 100g
와사비 · · · · · · · · · · · · · · · · · 1/2작은술
재래간장 · · · · · · · · · · · · · · · 1/2작은술
식초 · 1큰술
굵은 후춧가루 · · · · · · · · · · · · · · · · 약간

TIP 와사비가 없을 때는 겨자를 사용해도 됩니다.

마는 깨끗이 씻어 껍질을 벗긴 후 0.5cm 두께로 썰고, 셀러리는 어슷하게 썰어둔다.

주꾸미는 깨끗이 손질해 내장을 제거한 후 머리는 반으로 썰고, 다리는 4등분 한다.

손질한 주꾸미와 레몬, 셀러리를 골고루 섞어 10분간 재운 후 마와 함께 기름을 두르지 않은 프라이팬에서 굽는다.

분량의 두부, 와사비, 재래간장, 식초, 굵은 후춧가루를 넣고 믹서에 곱게 갈아 드레싱을 만든 후 곁들여 낸다.

참 치 김 치 밥

담백하면서도 참치 특유의 맛이 잘 살아 있는, 채소가 듬뿍 들어간 영양밥입니다.
졸인 토마토 소스에 풋고추를 넣은 매콤한 양념장을 곁들이면 더욱 풍미가 좋아요.

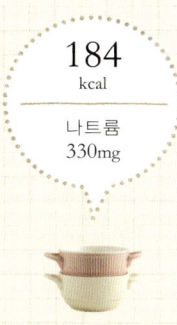

재료(2인분)

- 양배추잎 ·················· 2장
- 참치캔 ··················· 50g
- 김치 ···················· 3쪽
- 현미 ···················· 1/3컵
- 물 ····················· 1/3컵

토마토 소스 재료

- 토마토 ··················· 1개
- 풋고추 ··················· 1개

김치에서 수분이 빠져나오므로 물의 양은 평소의 90% 정도로 잡도록 하세요.

현미는 깨끗이 씻어 8시간 이상 불리고, 참치는 체에 밭쳐 기름기를 제거한 후 뜨거운 물을 부어 한번 더 헹궈준다.

양념을 걷어내고 물기를 꼭 짠 김치는 0.5cm 크기로 다진다. 양배추도 비슷한 크기로 썰어준다.

냄비에 불린 현미와 양배추, 김치, 참치를 넣고 밥을 짓는다.

토마토는 열십자로 칼집을 내고 끓는 물에 데쳐 껍질을 벗기고 곱게 갈아준다. 수분이 날아가도록 졸인 토마토에 다진 풋고추를 넣어 소스를 만든다.

절 대 살 찔 염 려 없 는
다이어트 간식 10세트

다이어트를 하면서 가장 참기 힘든 것이 '간식의 유혹' 아닐까요? 달콤한 케이크와 과자, 아이스크림 때문에 다이어트에 실패한 기억이 있다면, 이제는 똑똑하게 살찔 염려 없는 다이어트 간식을 준비해 보세요. 맛은 그대로, 칼로리만 낮춘 100칼로리 다이어트 간식 10종 세트를 소개합니다.

사과칩과 단호박칩 114kcal

입이 심심할 때 칼로리 걱정 없이 먹을 수 있는 바삭한 칩이에요.
말리는 시간과 두께를 조절하면 쫄깃하게도 즐길 수도 있습니다. 집에 있는 다른 채소와 과일도 활용해보세요.

재료(1회분)
사과 작은 크기 ···················· 1개
단호박 ···························· 1/8개

1 사과는 껍질째 깨끗이 씻은 후 끓는 물에 살짝 데친 다음 물에 30분 이상 담가 농약성분을 제거해준다.
2 단호박도 껍질째 깨끗이 씻은 후 씨를 도려낸다.
3 사과와 단호박은 모두 0.2cm 두께로 썰거나 슬라이서로 자른다.
4 단호박은 끓는 물에 10초간 데친 후 꺼낸다.
5 식품건조기나 70도의 오븐에서 12시간 정도 말려준다.

검은콩 바 94kcal

볶은 콩의 고소한 맛이 가득한 영양바입니다. 검은콩은 건강식품으로 불리는 블랙푸드의 대표주자로 몸에 지방과 수분이 쌓이는 것을 막아주며 변비예방 효과도 있어요.

재료(8개 8회분)

볶은 검은콩	164g
조청	22g
카놀라유	5g

1 조청과 카놀라유를 골고루 섞어 전자레인지에 넣고 녹인다.
2 1과 검은콩을 골고루 섞어서 유리로 된 밀폐용기나 파운드 틀에 2cm 두께가 되도록 넣는다.
3 160도로 예열한 오븐에서 20분간 구운 후 적당한 크기로 8등분 해준다.

파프리카 주스 **41kcal**

비타민이 풍부해서 피부미용에 좋은 파프리카로 만든 주스입니다.
한 잔에 40kcal 정도로 칼로리도 매우 낮아서 부담 없이 간식으로 즐기기에 좋아요.

재료(2잔)

파프리카(빨강색 혹은 노란색) ······ 2개
물 ································· 1컵
레몬즙 ···························· 1작은술
올리고당 ·························· 적당량

1 파프리카는 깨끗이 씻어 씨와 꼭지를 제거하고 굵게 썬다.
2 믹서에 파프리카와 물, 레몬즙을 넣고 곱게 갈아준 후 취향에 따라 올리고당을 추가한다.

137kcal 커피빈 요거트 드링크

커피빈을 넣고 함께 갈아 씹히는 맛이 있는 요거트 드링크입니다.
플레인요거트를 색다르게 즐기고 싶을 때 만들어보세요.

재료(2잔)

플레인요거트 ·················· 1컵
커피가루 ····················· 2작은술
올리고당 ····················· 1큰술
원두 ························· 1작은술

1 플레인요거트와 시판 커피가루, 올리고당, 원두, 물을 넣고 믹서기에 곱게 갈아준다.
2 컵에 담고 위에 원두를 부셔서 위에 살짝 올려낸다.

바나나 초코브라우니 106kcal

다크 초콜릿의 씁쓸한 맛이 가득한 브라우니입니다.
진한 초콜릿 맛은 그대로 살리면서 칼로리는 1/3로 줄였어요.

재료(15cm 케이크 틀 1판, 12조각)

잘 익은 바나나	300g
달걀	2개
설탕	50g
올리고당	50g
코코아파우더	100g
박력분	80g
소금	1g
슈거파우더	20g

1 코코아파우더와 박력분은 골고루 섞어 3번 정도 곱게 체를 쳐준다.
2 바나나는 포크로 잘 으깬 후 달걀과 설탕, 올리고당을 넣고 골고루 섞어준다.
3 2에 체 친 가루재료를 넣고 소금을 넣은 다음 골고루 섞어준다.
4 3을 유산지를 깐 15cm 케이크 틀에 넣고 180도로 예열한 오븐에서 30분간 구워준다.
   꼬치로 찔렀을 때 반죽이 묻어나오지 않을 때까지 구워주면 된다.
5 브라우니가 완성됐으면 위에 슈거파우더를 뿌려준다.

레몬 두부 케이크 95kcal

담백하고 고소한 건강 재료 두부로 만든 무스케이크입니다.
생크림이나 크림치즈를 넣어 만든 케이크보다 훨씬 담백하고 부드러워요.

재료(15cm 케이크 틀 1판, 8조각)

오트밀가루	100g
두부	180g
레몬즙	60g
레몬 껍질	10g
올리고당	50g
뻥튀기	50g
물	적당량
판 젤라틴	2장

1. 오트밀가루는 믹서에 넣고 곱게 갈아준 후 올리고당 10g과 물을 조금씩 넣어 한 덩이로 뭉쳐지도록 반죽한다.
2. 반죽이 다 되면 15cm 케이크 틀에 높이 0.5cm 정도로 넣어준 다음 꾹꾹 눌러주고 180도 오븐에서 20분간 구운 후 식힌다.
3. 판 젤라틴은 물에 넣어 불린 후에 중탕으로 녹여준다.
4. 뻥튀기를 믹서에 곱게 갈고, 두부도 곱게 간 후 레몬즙, 레몬 껍질, 올리고당 40g을 넣고 골고루 섞은 후 녹인 젤라틴과 함께 골고루 섞는다.
5. 오븐에서 꺼낸 오트밀 케이크 바닥 주변에 비닐 띠지를 둘러 고정한 후 4의 반죽을 넣어 냉장고에서 2시간 동안 굳힌다.

미숫가루아이스크림 130kcal

집에 있는 미숫가루로 쉽게 만들 수 있는 이색 별미 아이스크림입니다.
검은깨 소스를 생략하면 칼로리를 더 낮출 수 있어요.

재료(4인분)

두유 ·························· 2컵
미숫가루 ······················ 40g
올리고당 ······················ 30g
검은깨 ······················· 10g

1 두유와 미숫가루, 올리고당 20g을 골고루 섞어 납작한 용기에 넣어 냉동실에 넣어 얼린다.
2 3시간 후에 꺼내어 믹서에 곱게 갈아준 후 다시 3시간 동안 냉동실에 얼린다.
3 위의 과정을 4번 정도 반복한다.
4 검은깨를 곱게 갈아 올리고당 10g과 함께 골고루 섞어준 후 3의 아이스크림을 스쿱으로 떠내 담은 위에 조금씩 얹어낸다.

찐 도 너 츠 105kcal

기름에 튀기는 대신에 찜통에 넣고 찐 도너츠입니다.
칼로리도 기름에 튀긴 것보다 훨씬 낮고 맛도 더 담백해요.

재료(8개 8회분)

박력분	170g
베이킹파우더	4g
잘 익은 바나나	150g
소금	1g
올리고당	22g
설탕	20g
계핏가루	10g

1 박력분과 베이킹파우더는 골고루 섞어 3번 체를 친다.
2 볼에 바나나를 담고 포크로 으깬 다음 소금, 올리고당과 함께 골고루 섞어준다.
3 1의 체 친 가루와 2의 바나나를 골고루 섞은 후 비닐봉지에 넣어 냉장고에서 30분간 숙성시킨다.
4 찜통에 물을 적당량 넣고 불 위에 올린다.
5 숙성시킨 3의 반죽을 8등분하여 동그랗게 링 모양으로 만든 후 김이 오른 찜통에 20분간 찐다.
6 설탕과 계핏가루를 골고루 섞은 후 4의 도너츠에 위에 체를 이용해 살짝 뿌려준다.

홍 차 쿠 키 `109kcal`

버터나 식용유 대신 건강 식재료인 마를 넣어 칼로리를 낮춘 홍차쿠키입니다.
홍차가루 대신 말차가루나 계핏가루를 넣어도 좋아요.

재료(30개 6회분)

마	30g
박력분	150g
올리고당	40g
홍차가루	4g
물	30g

1 마는 강판에 곱게 갈아준 후 물과 올리고당, 홍차가루와 함께 골고루 섞는다.
2 박력분은 3번 곱게 체를 친다.
3 볼에 1과 2를 넣고 고무주걱으로 살살 섞어 날가루가 생기지 않도록 반죽한다.
4 반죽을 30개로 나누어 동글납작하게 모양을 빚은 후 175도의 오븐에서 15분 정도 구워준다.

93kcal 수박빙수

수박을 먹다 남았을 때는 잘라서 냉동실에 넣었다가 빙수를 만들어보세요.
달콤한 수박으로 빙수를 만들면 건강에도 좋고 시원한 맛이 일품이랍니다.

재료(2인분)

수박 ·························· 600g

1 수박은 씨를 털어내고 깍둑썰기한다.
2 자른 수박을 밀폐용기나 비닐팩에 넣어 냉동실에서 단단하게 얼린다.
3 얼린 수박을 믹서에 넣고 곱게 갈아준다.

Index

메인요리

41kcal 느타리버섯잡채 · 106
60kcal 표고버섯불고기 · 44
75kcal 동태숙주찜 · 53
97kcal 두부김치찜 · 56
99kcal 미나리두부볶음 · 180
105kcal 언두부고구마줄기볶음 · 40
113kcal 토마토고추장황태구이 · 122
115kcal 달걀뚝배기 · 156
119kcal 쑥갓돼지고기찜 · 48
123kcal 새우양파겨자찜 · 28
126kcal 버섯소스연두부 · 64
128kcal 소고기곤약볶음 · 188
139kcal 소고기탕평채 · 95
140kcal 파채닭안심살구이 · 176
141kcal 후추소고기구이 · 163
144kcal 삼치시금치조림 · 98
148kcal 돼지고기숙주볶음 · 32
148kcal 돼지고기샤부샤부 · 118
155kcal 양파생선구이 · 160
156kcal 돼지고기마늘종볶음 · 114
172kcal 양파소스고등어구이 · 169
179kcal 닭가슴살볶음 · 152
181kcal 두부햄버거 · 173
189kcal 치킨가스 · 111
195kcal 닭가슴살시금치찜 · 60
246kcal 고등어무조림 · 36
266kcal 닭가슴살콩나물잡채 · 102

반찬

kcal	메뉴 · 쪽
7kcal	미나리겉절이 · 43
9kcal	알배추겉절이 · 121
13kcal	미역무나물 · 51
14kcal	무생채 · 159
15kcal	와사비날치알샐러드 · 187
15kcal	꽈리고추볶음 · 93
16kcal	오이피클 · 183
18kcal	열무홍고추나물 · 121
18kcal	양배추볶음 · 89
18kcal	가지양념구이 · 115
19kcal	된장취나물 · 35
19kcal	죽순나물 · 63
19kcal	깻잎조림 · 189
20kcal	노각생채 · 177
22kcal	더덕구이 · 91
23kcal	도라지오이생채 · 35
25kcal	오이부추소박이 · 89
25kcal	비트양파생채 · 93
25kcal	오이양배추겉절이 · 55
25kcal	톳오이무침 · 47
28kcal	파프리카샐러드 · 109
29kcal	열무생김치 · 165
31kcal	버섯볶음 · 157
31kcal	더덕생채 · 41
32kcal	겨자채 · 97
32kcal	깻잎겉절이 · 63
33kcal	피망잡채 · 167
33kcal	고춧잎된장무침 · 163
33kcal	새송이버섯무침 · 117
33kcal	시금치겉절이 · 105
34kcal	얼갈이새우나물 · 51
35kcal	우엉숙주조림 · 161
39kcal	구운채소 · 173
39kcal	양배추겉절이 · 179
39kcal	즉석연근피클 · 31
44kcal	애호박건새우나물 · 181
45kcal	우엉된장무침 · 45
46kcal	비름나물 · 117
48kcal	우엉풋고추찜 · 99
49kcal	돌나물도토리묵무침 · 59
52kcal	버섯꼬막무침 · 39
53kcal	두부김무침 · 175
55kcal	가지들깨나물 · 57
55kcal	매콤콩나물 · 49
57kcal	감자마늘종볶음 · 127
57kcal	시래기두부나물 · 33
60kcal	풋고추도라지무침 · 151
63kcal	도토리묵냉채 · 113
64kcal	브로콜리찜 · 110
64kcal	버섯고추장구이 · 103
64kcal	키위드레싱샐러드 · 171
64kcal	연두부생채 · 101
65kcal	연근조림 · 167
66kcal	죽순고추잡채 · 29
71kcal	연두부샐러드 · 27
75kcal	배추나물 · 153
93kcal	두부양배추부추찜 · 107
98kcal	곰취와 두부쌈장 · 157
126kcal	모듬콩조림 · 183
137kcal	달걀양파말이 · 61

국/찌개/수프

- 6kcal 무국 · 31
- 12kcal 모시조개국 · 159
- 12kcal 콩나물국 · 151
- 12kcal 맑은팽이국 · 109
- 18kcal 김치국 · 179
- 18kcal 열무된장국 · 125
- 19kcal 취나물국 · 39
- 19kcal 가지냉국 · 65
- 20kcal 고춧가루콩나물국 · 175
- 20kcal 얼갈이된장국 · 27
- 22kcal 시금치국 · 101
- 23kcal 오이미역냉국 · 94
- 33kcal 아욱국 · 52
- 35kcal 김국 · 59
- 36kcal 미역국 · 55
- 37kcal 애호박된장국 · 119
- 41kcal 황태국 · 105
- 45kcal 우엉국 · 187
- 46kcal 오징어국 · 43
- 58kcal 무말랭이국 · 97
- 61kcal 감자고추장찌개 · 164
- 63kcal 들깨버섯국 · 168
- 63kcal 배추새우국 · 113
- 87kcal 콩비지탕 · 123
- 87kcal 순두부국 · 47
- 97kcal 달걀국 · 37
- 107kcal 브로콜리수프 · 171
- 180kcal 소고기육개장 · 90

일품요리

- 106kcal 감자수프 · 70
- 110kcal 토마토곤약파스타 · 140
- 110kcal 새우샐러드와 파인애플드레싱 · 204
- 119kcal 표고버섯채소밥 · 194
- 128kcal 연근우엉밥 · 202
- 139kcal 토마토스크램블에그 · 72
- 139kcal 두부양념장콩나물밥 · 200
- 153kcal 우엉버섯수프 · 84
- 154kcal 주꾸미샐러드와 와사비두부드레싱 · 206
- 172kcal 단호박잡곡수프 · 68
- 184kcal 참치김치밥 · 208
- 196kcal 훈제연어샐러드와 양파드레싱 · 198
- 197kcal 죽순해물밥 · 190
- 201kcal 블루베리샐러드와 사과요거트드레싱 · 192
- 217kcal 모듬버섯구이된장덮밥 · 128
- 218kcal 익힌나물비빔밥 · 132
- 218kcal 버섯들깨죽 · 80
- 229kcal 해물토마토샐러드피자 · 146
- 229kcal 오이두부스프레드와 곡물빵 · 78
- 230kcal 견과류죽 · 74
- 237kcal 저염채소쌈밥 · 136
- 238kcal 닭가슴살시금치죽 · 76
- 258kcal 애호박속간장비빔밥과 애호박달걀찜 · 126
- 262kcal 생채소비빔국수 · 130
- 267kcal 베이컨야키니쿠덮밥 · 196
- 268kcal 콩비지크림파스타 · 134
- 290kcal 단호박불고기덮밥 · 138
- 302kcal 오트밀과일시리얼 · 66

323kcal 콩팥죽 · 82
329kcal 그릴드시저샌드위치 · 144
355kcal 올리브연어파스타 · 142
410kcal 토마토치킨커리 · 185

 간식

41kcal 파프리카주스 · 216
93kcal 수박빙수 · 226
94kcal 검은콩바 · 214
95kcal 레몬두부케이크 · 220
105kcal 찐도너츠 · 224
106kcal 바나나초코브라우니 · 218
109kcal 홍차쿠키 · 225
114kcal 사과칩과 단호박칩 · 212
130kcal 미숫가루아이스크림 · 222
137kcal 커피빈요거트드링크 · 217

건강하게 살 빼는 저칼로리 밥상
ⓒ 문인영 2012

1판 1쇄	2012년 4월 15일
1판 5쇄	2017년 7월 31일

지은이	문인영
펴낸이	김정순

책임편집	이은정
요리 어시스트	김가영
마케팅	김보미 임정진 전선경

펴낸곳	(주)북하우스 퍼블리셔스
출판등록	1997년 9월 23일 제406-2003-055호

주소	04043 서울시 마포구 양화로 12길 16-9(서교동 북앤드빌딩)
전자우편	editor@bookhouse.co.kr
홈페이지	www.bookhouse.co.kr
전화번호	02-3144-3123
팩스	02-3144-3121

ISBN 978-89-5605-556-5 13590

이 도서의 국립중앙도서관 출판시도서목록(CIP)은 e-CIP 홈페이지(http://www.nl.go.kr/cip.php)에서 이용하실 수 있습니다.(CIP2012001467)